首都圏版⑦ **使いやすい！教えやすい！家庭学習に最適の問題集！**

立教小学校

2021年度版 過去問題集

<問題集の効果的な使い方>

①お子さまの学習を始める前に、まずは保護者の方が「入試問題」の傾向や難しさを確認・把握します。その際、すべての「学習のポイント」にも目を通しましょう。

②入試に必要なさまざまな分野学習を先に行い、基礎学力を養ってください。

③学力の定着が窺えたら「過去問題」にチャレンジ！

④お子さまの得意・苦手が分かったら、さらに分野学習をすすめレベルアップを図りましょう！

最新の入試問題と特徴的な出題を含めた全40問掲載

合格のための問題集

立教小学校

お話の記憶	１話５分の読み聞かせお話集①②
お話の記憶	お話の記憶 中級編
図形	Ｊｒ・ウォッチャー３「パズル」
数量	Ｊｒ・ウォッチャー14「数える」
口頭試問	新口頭試問・個別テスト問題集

お知らせ

当校では、毎年童話や昔話などを使用した出題がありますが、その問題に取り組むためには別途、市販されている絵本や映像ソフトが必要になります（＊本文最後のページに、使用された絵本・映像ソフトのタイトル一覧を掲載していますので、ご参照ください）

日本学習図書 ニチガク

ニチガクの家庭学習支援

Web学習サポートサービス

こんなこと…ありませんか？

「ニチガクの問題集…買ったはいいけど、、、
この問題の教え方がわからない（汗）」

メールでお悩み解決します！

- ☆ホームページ内の専用フォームで必要事項を入力！
- ☆教え方に困っているニチガクの問題を教えてください！
- ☆確認終了後、具体的な指導方法をメールでご返信！
- ☆全国どこでも！スマホでも！ぜひご活用ください！

＜質問回答例＞

学習のポイント

推理分野の学習では、後の学習に活きる思考力を養うことができます。ご家庭で指導する場合にも、テクニックにたよらず、保護者の方が先に基本的な考え方を理解した上で、お子さまによく考えさせることを大切にして指導してください。

Q.「お子さまによく考えさせることを大切にして指導してください」と学習のポイントにありますが、考える習慣をつけさせるためには、具体的にどのようにしたらいいですか？

A. お子さまが考える時間を持てるように、質問の仕方と、タイミングに工夫をしてみてください。
たとえば、「答えはあっているけど、どうやってその答えを見つけたの」「答えは○○なんだけど、どうしてだと思う？」という感じです。はじめのうちは、「必ず30秒考えてから手を動かす」などのルールを決める方法もおすすめです。

まずは、ホームページへアクセスしてください!!

http://www.nichigaku.jp　日本学習図書　検索

目指せ！合格！

家庭学習ガイド
立教小学校

入試情報

応募者数：男子 431名
出題形態：ノンペーパー
面　　接：保護者（両親）
出題領域：記憶・図形（口頭試問・個別テスト形式）、行動観察、運動

入試対策

2020年度の入試は、例年の試験内容と比べて大きな変化はなく、絵本の読み聞かせ、ＤＶＤによる「お話の記憶」、「図形」分野の口頭試問・個別テスト、集団での「運動テスト」「行動観察」が実施されました。当校のような試験形態では、問題を解ければよいというものではなく、「話し方」「態度」なども判断の基準となります。絵本の読み聞かせや、当校の出題形式に合わせた学習を行うだけでなく、コミュニケーション能力を高めるために、初対面の人との関わりを多く持つ生活を送ることを心がけてください。お子さまの自主的な判断と行動を引き出し、試験本番で力を出せるように指導していくことが大切です。

●朗読や映像を使用した「お話の記憶」は、グループで聞き、口頭試問・個別テストで質問を受けるという形式で実施されます。日頃から絵本に触れる機会を持ち、知的好奇心や想像力が自然と育まれるような環境を作ることが大切です。

●図形の問題も例年通り実施されました。パターンブロックや、積み木など、市販されている用具を使用して解答する形式も例年通りでした。実物を使用した学習を心がけてください。

●集団での行動観察や運動では、身体能力とともに協調性や積極性といった部分も観られています。近所の方へのあいさつや、社会のルールを守ること、集団の中で遊ばせることなどを意識してください。

●保護者面接では、学歴や現在の仕事、男子校について（主に父親）、趣味や子育てについて（主に母親）などの質問がされました。

必要とされる力 ベスト6

チャートで早わかり！

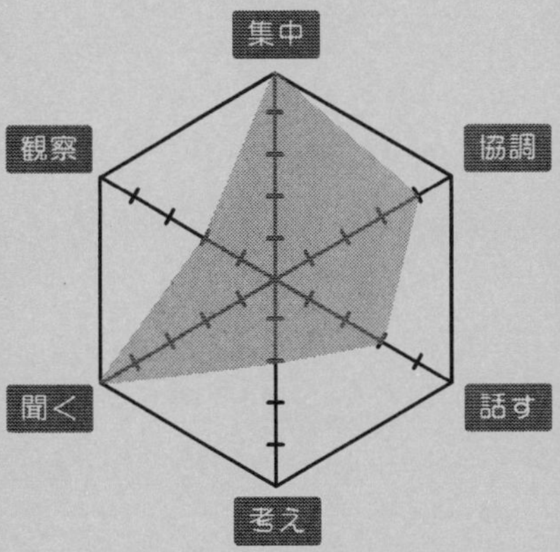

特に求められた力を集計し、左図にまとめました。
下図は各アイコンの説明です。

	アイコンの説明
集中	集 中 力…他のことに惑わされず1つのことに注意を向けて取り組む力
観察	観 察 力…2つのものの違いや詳細な部分に気付く力
聞く	聞 く 力…複雑な指示や長いお話を理解する力
考え	考える力…「～だから～だ」という思考ができる力
話す	話 す 力…自分の意志を伝え、人の意図を理解する力
語彙	語 彙 力…年齢相応の言葉を知っている力
創造	創 造 力…表現する力
公衆	公衆道徳…公衆場面におけるマナー、生活知識
知識	知　　識…動植物、季節、一般常識の知識
協調	協 調 性…集団行動の中で、積極的かつ他人を思いやって行動する力

※各「力」の詳しい学習方法などは、ホームページに掲載してありますのでご覧ください。http://www.nichigaku.jp

「立教小学校」について

<合格のためのアドバイス>

2020年度の当校の志願者数は431名と、2019年度と比べ、50名減少しましたが、それでも入りやすくなったというわけではありません。相変わらず約４倍の高倍率を維持しており、しっかりとした学習をする必要がある学校です。

当校の入試の特徴は、口頭試問・個別テスト形式で実施されていることが挙げられます。このような出題方法の場合、「口頭で答える」「物を置く」「行動で示す」など、解答結果以外にも、そこに至るまでの過程や、問題に対する理解度までもが観られることになります。このような試験の場合、問題を解くための学習はもちろんのこと、出題者に対してきちんとした受け答えをすることも大切です。このような「聞く力」「言葉で伝える力」「待つ時の態度・姿勢」の伸長は、保護者の方が、ふだんのお子さまを客観的に見つめ、どこを伸ばし、どのように指導していくべきかをしっかりと認識する必要があります。目指す到達点を具体的にイメージするとともに、基礎をおろそかにせず、１つひとつ確実におさえるようにしてください。その際、お子さまが失敗しても、頭ごなしに否定してはいけません。「こうしなさい」など指示語を多用した一方通行の指導を行っていると、口頭試問形式で特に必要な柔軟性、判断力が身に付きません。まずは、お子さまの答えを受け止め、「どのようにしたらよかったのか」と言葉かけをすることで、「次はこうしてみよう」という能動的かつ積極的な学習を行うことができます。

絵本の読み聞かせは、当校が力を入れている国語教育の１つです。毎年のように絵本を使用した問題は出題されています。ですから絵本の読み聞かせ対策は欠くことはできません。また、絵本だけでなくＤＶＤを使った読み聞かせも出題されます。さまざまなメディアを使って読み聞かせを行い、試験の雰囲気を味わっておきましょう。

試験自体は、決して難易度の高い問題ではありません。試験の担当者もお子さまのふだんの姿を観るために、リラックスした雰囲気作りをしています。しかしその分、緊張感や集中力を欠いてしまうリスクもあることから、年齢相応の分別をわきまえて行動をすることが重要です。このようなことは、家庭教育の成果が大きく左右します。

〈2020年度選考〉

〈面接日〉
- ◆アンケート（面接直前に提出）
- ◆保護者面接（考査日前に実施）

〈考査日〉
- ◆行動観察・運動
- ◆記憶・図形
（口頭試問・個別テスト形式）

◇絵本を使った出題が毎年あり、説明会でも校長先生が、読み聞かせを奨励するお話をされています。

◇過去の応募状況

2020年度 男子431名
2019年度 男子481名
2018年度 男子445名

入試のチェックポイント

◇受験番号は…「ランダムに決める」
◇生まれ月の考慮…「あり」

得 先輩ママたちの声！

◆実際に受験をされた方からのアドバイスです。
ぜひ参考にしてください。

立教小学校

・説明会では、パワーポイントや授業風景の動画、スライド写真を見たほか、児童の合唱、先生の実験などが行われ、さまざまな方法で学校の魅力を伝えられました。学校から保護者へのプレゼンテーション、というイメージがありました。

・待ち時間は、親から離れたところに子ども同士がかなり接近して座ります。ふざけてしまうお子さまにつられないよう、事前に注意しておく必要がありそうです。

・運動会は子どもを伴って参加できる唯一の公開行事でした。説明会や学校公開は保護者向けの内容なので、両親のみ参加しました。学校側でも参加回数を把握しておられるようでした。

・説明会は、毎回話のテーマが違いました。試験に対して大切なことをここで話されるので、積極的に参加したほうがよいです。名前の記入もありました。

・保護者面接は父親と母親の両方に行われます。ふだんの会話を大切にし、意思を統一しておくことが重要だと感じました。また、待ち時間が長いご家庭もあったようです。

・面接前に提出するアンケートは下書きを持っていっても、記入に時間がかかります。面接時間の少なくとも30分くらい前には到着しているとよいと思います。

・ご家庭では机に向かうだけの勉強より、読み聞かせや自然との触れ合い、人との触れ合いを大切にした方がよいと思います。

・当日ティッシュペーパーとハンカチを必ずポケットに入れるように指示があります。ぜひご持参してください。

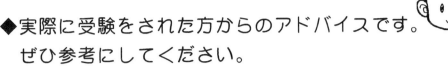

立教小学校

過去問題集

〈はじめに〉

現在、少子化が叫ばれているにもかかわらず、私立・国立小学校の入学試験には一定の応募者があります。入試は、ただやみくもに学習するだけでは成果を得ることはできません。志望校の過去における出題傾向を研究・把握した上で、練習を進めていくこと、その上で試験までに志願者の不得意分野を克服していくことが必須条件です。そこで、本問題集は小学校を受験される方々に、志望校の出題傾向をより詳しく知って頂くために、過去に遡り出題頻度の高い問題を結集いたしました。最新のデータを含む精選された過去問題集で実力をお付けください。

また、志望校の選択には弊社発行の「2021年度版　首都圏・東日本　国立・私立小学校　進学のてびき」（4月下旬刊行）をぜひ参考になさってください。

〈本書ご使用方法〉

◆出題者は出題前に一度問題を通読し、出題内容などを把握した上で、〈 準 備 〉の欄に表記してあるものを用意してから始めてください。

◆お子さまに絵の頁を渡し、出題者が問題文を読む形式で出題してください。問題を読んだ後で、絵の頁を渡す問題もありますのでご注意ください。

◆「分野」は、問題の分野を表しています。弊社の問題集の分野に対応していますので、復習の際の目安にお役立てください。

◆問題番号右端のアイコンは、各問題に必要な力を表しています。詳しくは、アドバイス頁（色付きページの１枚目下部）をご覧ください。

◆一部の描画や工作、常識等の問題については、解答が省略されているものがあります。お子さまの答えが成り立つか、出題者が各自でご判断ください。

◆〈 時 間 〉につきましては、目安とお考えください。

◆［〇年度］は、問題の出題年度です。［2020年度］は、「2019年の秋から冬にかけて行われた2020年度志願者向けの考査の問題」という意味です。

◆学習のポイントは、指導の際にご参考にしてください。

◆【おすすめ問題集】は各問題の基礎力養成や実力アップにご使用ください。

〈本書ご使用にあたっての注意点〉

◆文中に **この問題の絵は縦に使用してください。** と記載してある問題の絵は縦にしてお使いください。

◆〈 準 備 〉の欄で、クレヨンと表記してある場合は12色程度のものを、画用紙と表記してある場合は白い画用紙をご用意ください。

◆文中に **この問題の絵はありません。** と記載してある問題には絵の頁がありませんので、ご注意ください。なお、問題の絵の右上にある番号が連番でなくても、中央下の頁番号が連番の場合は落丁ではありません。

下記一覧表の●が付いている問題は絵がありません。

問題１	問題２	問題３	問題４	問題５	問題６	問題７	問題８	問題９	問題10
		●				●	●		
問題11	問題12	問題13	問題14	問題15	問題16	問題17	問題18	問題19	問題20
●				●					●
問題21	問題22	問題23	問題24	問題25	問題26	問題27	問題28	問題29	問題30
		●			●				●
問題31	問題32	問題33	問題34	問題35	問題36	問題37	問題38	問題39	問題40
●	●		●	●					●

◎学習効果を上げるため、前掲の「家庭学習ガイド」及び「合格のためのアドバイス」をお読みになり、各校が実施する入試の出題傾向を、良く把握した上で問題に取り組んでください。
※冒頭の「本書ご使用方法」「ご使用にあたっての注意点」も併せてご覧ください。

ご注意

立教小学校の入試では、市販の絵本や、お話が収録されたＤＶＤを上映する形式で、お話の記憶の問題が出題されています。ご家庭で本書を使用する際は、同様のものをご準備していただくと、より実践的な試験対策となります。巻末に絵本・ＤＶＤの一覧リストがありますので、ご活用ください。また、解答時には筆記用具を用いず、口頭あるいは、「サイコロ」「碁石」などを使って解答します。こちらは、そのものでなく代用品でもかまいませんが、道具を使って答えるという形式は守ってください。

2020年度の最新問題

問題１　分野：記憶（お話の記憶）

集中　聞く

〈準備〉　絵本『シロクマくつや』（詳細は巻末付録を参照）
碁石

〈問題〉　これからお話をするのでよく聞いてください。
（『シロクマくつや』の絵本を読み聞かせる。絵本を読み終えた後、別の部屋に移動し、質問を行う。あらかじめ、問題１・２の絵を指定の色に塗っておく、碁石を準備しておく）

①お店は何屋さんでしたか。正しいと思うところに碁石を置いてください。「靴屋」と思うなら青い円に、「薬屋」と思うなら黄色い円に、「お菓子屋」と思うなら赤い円に碁石を置いてください。
②ペンギンにおすすめをしたのはどんな靴でしたか。「ガオガオ」と思うなら青い円に、「プカプカ」と思うなら黄色い円に、「ピョンピョン」と思うなら赤い円に碁石を置いてください。
③靴は誰のお誕生日のプレゼントでしたか。「シロクマ」と思うなら青い円に、「巨人のぼうや」と思うなら黄色い円に、「巨人」と思うなら赤い円に碁石を置いてください。

〈参考〉　『シロクマくつや』のあらすじ
靴屋のシロクマ家族が、新しい家を探していると、山の中にぴったりな空き家を見つけました。とても大きくて、靴の形をしています。家族は早速、空き家を立派な靴やさんに建て直しました。シロクマ家族が営む靴やさんはたちまち、村で大評判。でも家族はふと思いました。「いったい誰が、このくつのおうちを建てたのだろう？」次の日に自信のような大きな揺れでその謎が解けます。思いがけないお客さんがシロクマ靴屋を訪れるので…

〈時間〉　各10秒

〈解答〉　①青　②赤　③黄

［2020年度出題］

学習のポイント

実際の試験形式は、扱われている絵本の絵をスクリーンに映し、先生が話の内容をその映像を見ながら口頭で読み上げます。解答する時に、別室へ移動し、そこで出された用紙に碁石や色が塗られてあるサイコロを置いて解答します。当校では例年この形式で出題されています。解答方法がただ○をつけるのではないということから、つまりしっかりと先生の指示を聞けているかということを観ています。せっかくお話の内容を聞き取れていたとしても、指示を間違えて答えてしまうと、元も子もありません。この形式に慣れるために日頃の学習でも、この解答方法で取り組むようにしましょう。

※問題文の終わりに当校の入試で出題された絵本の一覧表があります。

【おすすめ問題集】
新口頭試問・個別テスト問題集、１話５分の読み聞かせお話集①・②、
お話の記憶 初級編・中級編・上級編、Ｊｒ・ウォッチャー19「お話の記憶」

問題2　分野：記憶（お話の記憶）

集中　聞く　話す

〈準備〉　絵本『ちいさな　ちいさな　うわぐつ』（詳細は巻末付録を参照）
碁石（問題１で使用したものと同じもの）

〈問題〉　（この問題は前の問題１と続けて行う）
これからお話をするのでよく聞いてください。
（『ちいさな　ちいさな　うわぐつ』の絵本を読み聞かせる。絵本を読み終えた後、別の部屋に移動し、質問を行う。あらかじめ、碁石を準備しておく）

（問題１に引き続き、問題１・２の絵を使用する）
①誰からお手紙が届きましたか。「巨人のぼうや」と思うなら青い円に、「クスクス幼稚園の園長先生」と思うなら黄色い円に、「クスクス小学校の校長先生」と思うなら赤い円に碁石を置いてください。
②シロクマ家族は何足のうわぐつを依頼されましたか。「100」と思うなら青い円に、「101」と思うなら黄色い円に、「103」と思うなら赤い円に碁石を置いてください。
③２冊読んだお話のうち、君はどちらが好きですか。どうしてかも話してください。

〈参考〉　『ちいさな　ちいさな　うわぐつ』のあらすじ
シロクマ３兄弟のおうちは、素敵な靴を取り扱う「シロクマくつや」。靴職人のお父さんとおばあちゃんが靴をつくり、３兄弟とお母さんがそれをお店で売ります。そんなシロクマくつやに、小さな小さな1通の手紙が届きます。「入園する子リスたちのために、うわぐつをつくってほしい」というお願いの手紙でした。さあ、お父さんとおばあちゃんは大忙し、さっそく仕事にとりかかります。さて、無事完成したうわぐつを幼稚園に届けた３兄弟でしたが、園長先生はなぜか浮かない顔をしています。「じつはね、この幼稚園、まだ遊具が全然たりないの」３兄弟は考えました「ぼくたちも何かお手伝いできないかなあ…そうだ！」３兄弟は、巨人の坊やの助けも借りることにして、すてきな計画を思いつきました。

〈時間〉　各10秒

〈解答〉　①黄　②赤　③省略

［2020年度出題］

学習のポイント

本問は問題１に続いて出題されました。問題１と取り扱っているお話が違います。スクリーンの絵は１冊目が終わると続けて２冊目のものが流れます。志願者には２つのお話を続けて聞いて、別室へ移動し、それぞれのお話の内容について聞かれるということをあらかじめ教えておきましょう。２冊のお話をまとめて記憶しなければならないので、集中を持続させる必要があります。ただ２冊のお話には共通点があります。シリーズものであること、同じ動物がでてくるということです。ですから、１冊ずつ頭を切り替えて話を聞かなければならない、というわけではなく、同じ雰囲気で話を聞くことができます。保護者の方は、日頃の読み聞かせでもシリーズもののお話を読んだり、同じ動物のお話を続けて読むなどをして、お子さまがそういったパターンに慣れるようにしていきましょう。繰り返していけば集中力も持続させやすくなります。

【おすすめ問題集】
新口頭試問・個別テスト問題集、１話５分の読み聞かせお話集①・②、
お話の記憶 初級編・中級編・上級編、Ｊｒ・ウォッチャー19「お話の記憶」

問題３　分野：記憶（お話の記憶）

集中　聞く

〈準備〉　ＤＶＤ『つみきのいえ』（詳細は巻末付録を参照）
サイコロ（それぞれの面を赤、青、黄色の３色で塗り分けたものを用意する）

〈問題〉　**この問題の絵はありません。**
これからお話を見ます。見た後で、質問に答えてください。
※『つみきのいえ』のＤＶＤを鑑賞する。ＤＶＤを鑑賞した後、質問を行う。あらかじめサイコロを準備しておく

①おじいさんは何を水の中へ落としてしまいますか。「パイプ」と思うなら青い面を、「本」と思うなら黄色い面を、「ペン」と思うなら赤い面を上にしてサイコロを置いてください。
②２つ目に潜った家にあったものはどれですか、「ベッド」と思うなら青い面を、「キッチン」と思うなら黄色い面を、「カメラ」と思うなら赤い面を上にしてサイコロを置いてください。
③１番下の家は誰が作ったものですか。「大工さん」と思うなら青い面を、「おじいさんとおばあさん」と思うなら黄色い面を、「おじいさん」と思うなら赤い面を上にしてサイコロを置いてください。

〈参考〉　『つみきのいえ』のあらすじ
おじいさんは、海の上の家にひとりで住んでいます。この家は、昔は街の中にあったのですが、だんだんと海の水が上がってきてしまい、今では海の上にあります。昔からおじいさんは水が上がってくるたびに、積み木のように上に新しい家をつくって積む、ということを繰り返して生活してきました。ある日、おじいさんはうっかり、パイプを水の中に落としてしまいます。どうしてもお気に入りのパイプだったので、それを取りに、今は水の中にある昔住んでいた家へ潜っていきます。

〈時間〉　各10秒

〈解答〉　①青　②青　③黄

［2020年度出題］

学習のポイント

本校では例年２種類の違うパターンで「お話の記憶」が出題されています。①読み聞かせ、②動画（ＤＶＤ）を見るの２パターンです。①の読み聞かせは絵本の絵をスクリーンに映しますが、解答は別室に移動し、個別に答えるという形です。筆記用具は使用しませんが、テストの一種と言ってもよいでしょう。②はＤＶＤの上映後に問題が出題されますが、その場で志願者が一斉に答えるというものです。個別の評価はできないので、テストというよりは「上映会」のようなものと考えてよいでしょう。騒ぐ、落ち着きがないなど悪目立ちさえしなければ問題はありません。いずれにしろ、合計すると、１時間程度お話を聞くことになります。お話を楽しむことができない、というお子さまはとにかく人に迷惑をかけないという、最低限のマナーだけは守らせるようにしましょう。

【おすすめ問題集】
新口頭試問・個別テスト問題集、１話５分の読み聞かせお話集①・②、
お話の記憶 初級編・中級編・上級編、Ｊｒ・ウォッチャー19「お話の記憶」

家庭学習のコツ① **「先輩ママのアドバイス」を読みましょう！**

本書冒頭の「先輩ママのアドバイス」には、実際に試験を経験された方の貴重なお話が掲載されています。対策学習への取り組み方だけでなく、試験場の雰囲気や会場での過ごし方、お子さまの健康管理、家庭学習の方法など、さまざまなことがらについてのアドバイスもあります。先輩ママの体験談、アドバイスに学び、ステップアップを図りましょう！

問題4　分野：記憶

考え　集中

〈準備〉　問題4－1の絵の動物が描かれている○を切り取っておく。
問題4－2、4－3の絵を点線で切り分けておく。

〈問題〉　①（問題4－2の絵の★がついている絵を見せる）
リンゴの○をよく見てください。
（10秒ほどしたら、問題4－2の絵の☆がついている絵を見せる）
先ほど見せた絵のリンゴだった部分がサルに変わっています。
サルはそこに描かれていた個数分、リンゴを食べました。
さてサルはリンゴを何個食べたでしょうか。
（問題4－1の絵を渡す）
この台紙に描かれているリンゴで、サルが食べた個数と同じと思う絵にサルのチップ（4－1で切り取った動物の絵）を置いてください。

②（問題4－3の絵の◆がついている絵を見せる）
リンゴの○をよく見てください。
（10秒ほどしたら、問題4－3の絵の◇がついている絵を見せる）
先ほど見せた絵のリンゴだった部分がウサギ、サル、クマに変わっています。
ウサギ、サル、クマはそこに描かれていたリンゴの個数分、リンゴを食べました。
さてウサギ、サル、クマはリンゴをそれぞれ何個食べましたか。
（問題4－1の絵を渡す）
この台紙に描かれているリンゴの絵で、食べた個数と同じ個数の上にその動物のチップを置いてください。

〈時間〉　①1分　②1分

〈解答〉　①3個　②ウサギ：1個、クマ：1個、サル：3個

［2020年度出題］

家庭学習のコツ②　「家庭学習ガイド」はママの味方！

問題演習を始める前に、試験の概要をまとめた「家庭学習ガイド（本書カラーページに掲載）」を読みましょう。「家庭学習ガイド」には、応募者数や試験課目の詳細のほか、学習を進める上で重要な情報が掲載されています。それらの情報で入試の傾向をつかみ、学習の方針を立ててから、対策学習を始めてください。

学習のポイント

最初の絵を見て、その後に出された絵と比較して変わった箇所を答える問題です。最初に見せられる時間は10秒ほどです。その短時間で記憶しなくてはいけませんし、指示の解答方法もしっかりと記憶します。内容と解答方法、２つの記憶が必要なので、慎重に行う必要があります。スムーズに答えるようにするには、日頃の学習から、解答のさせ方を工夫してみましょう。例えば、「変わっていないものを答える」や「そのものの数や色の変化をたずねる」といった形です。指示の理解とそれに沿った行動をするというのは小学校入試の最も重要な基本であり、ルールです。これができていないと、どんな可能性を見せたとしても評価されません。

【おすすめ問題集】
　Ｊｒ・ウォッチャー20「見る記憶・聴く記憶」

問題5　分野：図形（個別口頭試問）

考え　集中

〈準備〉　問題５-1の絵の太線と「切」と書いているところを切り抜いておく。
また、指定された色を塗っておく。

〈問題〉　（問題５－２を見せる）
絵にはチーズが描いてあります。
チーズが隠れないように、パズルのピース（問題５－１の絵を切り取ったもの）をはめ込みましょう。
パズルのピースは回転させても構いません。

〈時間〉　３分

〈解答例〉　下図参照

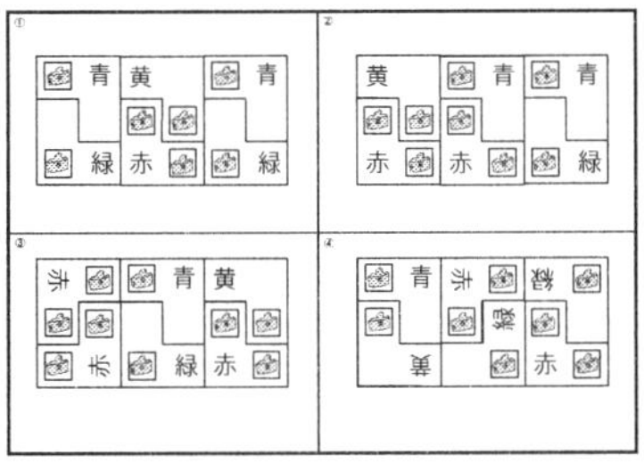

[2020年度出題]

学習のポイント

本問はパズルのピースを置くという問題ですが、「チーズを隠さないで」という条件があるので、少し複雑になっています。このレベルのパズルや立体パズル（パターンブロックを使用）の問題は例年出題されているので、スムーズにできるようにしておきましょう。日頃の学習では積み木やパターンブロックなどの実物を使った学習に親しんでおくことです。実際に使うことで、図形の特性や法則を自分で発見し、それらを感覚的に理解していくのがお子さまというものです。

【おすすめ問題集】
Ｊｒ・ウォッチャー３「パズル」、９「合成」、54「図形の構成」

問題6　分野：運動

集中　聞く

〈準備〉　三角コーン（赤、青、黄、緑をそれぞれ４個用意）、ビニールテープ（黒色）

〈問題〉　**この問題は絵を参考にしてください。**
（この問題は50人程度のグループで行う。あらかじめ、問題６の絵を参考にして準備したものを設置しておく）
これからかけっこをしましょう。コーンの間からスタートして、向こう側にある、同じ色のコーンの間まで走っていってください。
走る時は、４人ずつ走ります。待っている間は、黒いテープのところで体育座り（三角座り）をして待っていてください。

〈時間〉　適宜

〈解答〉　省略

［2020年度出題］

学習のポイント

昨年と同様の課題です。内容は単なるかけっこなのですが、ただ走ればよいというものではありません。行動を観察されているという意識を持って参加してください。指示を理解して、それに沿った行動をするということさえ守っていれば基本的に問題はありませんが、当校のような難関校であれば、それに加えて、「人の迷惑にならない」「積極的な姿勢を表現する」の２点も守るようにしてください。都内に２校しかない男子校ですが、いずれの入試でも運動の評価は重視されています。「元気がよい」ということが高評価につながると考えてよいでしょう。

【おすすめ問題集】
新運動テスト問題集、Ｊｒ・ウォッチャー28「運動」

問題7　分野：行動観察（歌・ダンス）

集中　聞く　協調

〈準　備〉　『アイアイ』、『人間っていいな』を録音したＣＤ（伴奏のみ）、再生機器（出題者がピアノなどで演奏してもよい）

〈問　題〉　**この問題の絵はありません。**

（この問題は60人程度のグループで行う）

①『アイアイ』を伴奏に合わせて歌ってください。

②『人間っていいな』の曲に合わせてダンスをします。音楽は２回流します。最初は、私（出題者）がお手本を見せますので、その通りに踊ってください。２回目は自分で考えた踊りを、自由に踊ってください。

（お手本のダンスを見せた後、音楽を流し、ダンスをする）

〈時　間〉　適宜

［2020年度出題］

学習のポイント

60人程度のお友だちの前で自分で考えた踊りを披露するのは、お子さまの性格によっては、かなり勇気がいることだと思います。ふだんから人前で目立つことが好きなお子さまでも、試験という緊張感のある場ですから、いつも通りにはできないでしょう。緊張しないためには、お子さまに経験を通じて自信を持たせておくことです。運動会、お遊戯会など、人前で何か行う機会があれば映像や写真で記録しておきましょう。そして、その映像を見ながら「こんなに運動ができたんだから、きっと試験でもうまくできるよ」とお子さまに言うのです。出来の良し悪しは関係ありません。繰り返しになりますが、当校の入試は「元気のよさ」「伸びしろ」「積極性」が評価される入試なのです。

【おすすめ問題集】

Ｊｒ・ウォッチャー29「行動観察」

問題8　分野：面接（保護者のみ）

〈準備〉　なし

〈問題〉　**この問題の絵はありません。**

【アンケート】
・立教小学校に期待していることは、どのようなことですか。
・育児で気を付けていることはなんですか。
・お子さまのことで、学校側に留意してもらいたいことはありますか。

【父親へ】
・当校を志望した理由をお聞かせください。
・ご出身（または出身校）はどちらですか。
・どのようなお仕事をされていますか。
・家でお子さまとはどのように接していますか。
・男子校ということをどう思われていますか。

【母親へ】
・当校の授業見学にはいらっしゃいましたか。印象はいかがですか。
・当校の在校生、または卒業生の知人はいらっしゃいますか。
・大学では、何を専攻にして勉強していましたか。卒業論文などのテーマは何ですか。
・地域の行事には参加しておられますか。
・（共働きの場合）お仕事はフルタイムですか。
・（共働きの場合）夫婦ともに働いておられますが、緊急時にお子さまをお迎えにあがる場合は、どうしますか。
・（兄姉が別の小学校に通っている場合）お兄さん（お姉さん）の学校とは校風が違いますが大丈夫ですか。そちらの学校ではいかがですか。
・春から小学生になるにあたり、気をつけていることはありますか。

〈時間〉　アンケート：約15分　面接：約10分

〈解答〉　省略

［2020年度出題］

学習のポイント

当校の面接は志願者の試験日とは別の日程で行われます。当日にアンケート用紙が渡され、そのアンケートに基づいて質問がされます。特に注意すべきなのは、さらに掘り下げた質問があることでしょう。例えば「我が家では食育ということを考えて食事を作っている」と言えば、「食育とは何ですか」といった質問をされるといった具合です。そのため、その場しのぎで答えることやよく理解していない知識、教育論、人生論といったものを答えにしてはいけません。大切なのは自分の考えを自分の言葉で答えることです。自分の言葉で伝えてこそ、その保護者の考え方、特に教育についての考え方が伝わるというものです。

【おすすめ問題集】
面接最強マニュアル、新 小学校受験の入試面接Ｑ＆Ａ

問題9　分野：記憶（お話の記憶）

集中　聞く　話す

〈準 備〉　絵本『もりいちばんのおともだち』（詳細は巻末付録を参照）
サイコロ（それぞれの面を赤・青・黄の３色で塗り分けたものを用意する）

〈問 題〉　これからお話をするのでよく聞いてください。
（『もりいちばんのおともだち』の絵本を読み聞かせる。絵本を読み終えた後、別の部屋に移動し、質問を行う。あらかじめ、サイコロを準備しておく）

①クマさんとヤマネくんが好きなものはそれぞれ何でしたか。「大きいもの」と思うならサイコロの赤い面を、「小さいもの」と思うならサイコロの青い面を上にしてサイコロを置いてください。
②クマさんとヤマネくんがケーキ屋さんで注文したのは、それぞれ何のケーキでしたか。「チーズケーキ」と思うならサイコロの赤い面を、「モンブラン」と思うならサイコロの青い面を、「デコレーションケーキ」と思うならサイコロの黄色の面を上にしてサイコロを置いてください。
③クマさんとヤマネくんがケーキ屋さんでもらった苗は、それぞれ何の苗でしたか。「カボチャ」と思うならサイコロの赤い面を、「ブドウ」と思うならサイコロの青い面を、「サツマイモ」と思うならサイコロの黄色の面を上にしてサイコロを置いてください。
④（問題９の絵を渡す）この中で、お話に出てきた動物は何ですか。全部の動物を指で指して教えてください。

〈参 考〉　『もりいちばんのおともだち』のあらすじ
小さいものが好きな大きなクマさんと、大きいものがすきな小さなヤマネくん。クマさんは小さなヤマネくんを一目で気に入り、ヤマネくんは大きなクマさんを一目で気に入り、２人はすぐに仲良くなりました。ある日、森でケーキ屋さんを見つけると、甘いものが大好きな２人はケーキを食べます。そして、店長からクマさんが小さな植木鉢の苗を、ヤマネくんが大きな植木鉢の苗をもらいます。そしてそれぞれ一生懸命育てると、クマさんの畑は大きな花畑になり、たくさんのカボチャが実りました。ヤマネくんの畑は一度は枯れたように見えましたが、土の中にたくさんのさつまいもができました。そして２人は、森の動物のみんなを招待して、楽しく収穫パーティーをするのでした。

〈時 間〉　各10秒

〈解 答〉　①クマさん：青　ヤマネくん：赤　②クマさん：青　ヤマネくん：黄
③クマさん：赤　ヤマネくん：黄　④モグラ、ウサギ、カエル、クマ

［2019年度出題］

家庭学習のコツ③　効果的な学習方法～問題集を通読する

過去問題集を始めるにあたり、いきなり問題に取り組んではいませんか？　それでは本書を有効活用しているとは言えません。まず、保護者の方が、すべてを一通り読み、当校の傾向、ポイント、問題のアドバイスを頭に入れてください。そうすることにより、保護者の方の指導力がアップします。また、日常生活のさまざまなことから、保護者の方自身が「作問」することができるようになっていきます。

学習のポイント

実際の試験は、プロジェクターで絵を見ながら聴く読み聞かせ形式でした。２人ずつ別室に移動して答える、というのが本校の特徴です。例年、サイコロの色で答える、指の本数で示す、カラーチップで示す、カードで答えるなどいずれも声を出さずに答える方法です。答えがわかっていても、答え方を間違えてしまえば不正解になります。別室に呼ばれて解答する時には、質問と選択肢の内容をよく聞いて答えるようにしましょう。選択肢を読み上げ、それに該当する色をサイコロなどで答えるという方法をふだんから習慣化しておくと、本番でも落ち着いて解答できるはずです。

※問題文の終わりに当校の入試で出題された絵本の一覧表があります。

【おすすめ問題集】
新口頭試問・個別テスト問題集、１話５分の読み聞かせお話集①・②、
お話の記憶 初級編・中級編・上級編、Ｊｒ・ウォッチャー19「お話の記憶」

問題10　分野：記憶（お話の記憶）

集中　聞く　話す

〈準 備〉　絵本『あめのもりのおくりもの』（詳細は巻末付録を参照）
サイコロ（問題９で使用したものと同じもの）
あらかじめ、問題10の絵を点線に沿って切っておく。

〈問 題〉　これからお話をするのでよく聞いてください。
（『あめのもりのおくりもの』の絵本を読み聞かせる。絵本を読み終えた後、別の部屋に移動し、質問を行う。あらかじめ、サイコロを準備しておく）

①ヤマネくんは雷のことをどう思いましたか。「かっこいいと思った」と思うならサイコロの赤い面を、「怖いと思った」と思うならサイコロの青い面を上にしてサイコロを置いてください。
②ヤマネくんが取りに行ったものは何ですか。「タンポポ」と思うならサイコロの赤い面を、「アジサイ」と思うならサイコロの青い面を、「バラ」と思うならサイコロの黄色の面を上にしてサイコロを置いてください。
③クマさんは雷が怖いのに、どうして外に出たのですか。「アジサイを見たかったから」と思うならサイコロの赤い面を、「川の水があふれて森が心配だったから」と思うならサイコロの青い面を、「ヤマネくんが心配だったから」と思うならサイコロの黄色の面を上にしてサイコロを置いてください。
④（切り離した問題10の絵を渡す）４枚の絵を、お話に出てきた順番になるように並べてください。

〈参 考〉　『あめのもりのおくりもの』のあらすじ
仲良しのクマさんとヤマネくん。ある雨の日のこと。外は大雨で、雷の音も大きく鳴り響きます。雷をかっこいいと言うヤマネくん。雷が怖くてぶるぶる震えながら布団に潜り込んでいるクマさん。ヤマネくんはなないろ谷にアジサイを見に行こうと誘いますが、クマさんは雷が怖いので、断ります。ヤマネくんは「アジサイを取ってきてあげる」と言って１人で出かけていきました。ヤマネくんが出かけてしばらくすると、雨によって川からあふれた水が、クマさんの家の中に入ってきました。なないろ谷は、その川の向こうにあります。ヤマネくんが危ないと思ったクマさんは、勇気を振り絞って外へ飛び出し、ヤマネくんを探しました。すると、川に落ちそうで助けを呼ぶヤマネくんの声がします。クマさんは急いで川に飛び込み、ヤマネくんを助けます。まもなくして雨が止み、アジサイの咲くなないろ谷で一緒に虹を見上げながら、２人はお互いを思いやる気持ちに感謝するのでした。

〈時 間〉　各10秒

〈解 答〉　①赤　②青　③黄　④雷→家の中に水→アジサイ→虹

［2019年度出題］

学習のポイント

実際にある絵本で読み聞かせの問題が出題されるのが、本校の特徴です。知っているお話だとしても、お話の内容も、質問の内容も、きちんと最後まで聞くようにしましょう。聞く態度も観られます。本校の場合、問題の質問はさほど難しくはありませんが、別室に移動して答えるため、覚えてから答えるまでに時間が空きます。その間に話の内容を忘れてしまわないように、ストーリーの要点やどんな登場人物がいたかを整理し、長い時間覚えていられるような練習を、日頃からしておくとよいでしょう。本番でも、お話を聞いてから解答し終わるまで、集中力を切らさないようにしましょう。

【おすすめ問題集】
新口頭試問・個別テスト問題集、１話５分の読み聞かせお話集①・②、
お話の記憶 初級編・中級編・上級編、Ｊｒ・ウォッチャー19「お話の記憶」

問題11　分野：記憶（お話の記憶）

集中　聞く　話す

〈準備〉　ＤＶＤ『ハロルドのふしぎなぼうけん』（詳細は巻末付録を参照）
サイコロ（問題９で使用したものと同じもの）

〈問題〉　**この問題の絵はありません。**
これからお話を見ます。見た後で、質問に答えてください。なお、答える時は、声を出してはいけません。
（『ハロルドのふしぎなぼうけん』のＤＶＤを鑑賞する。ＤＶＤを鑑賞した後、別の部屋に移動し、質問を行う。あらかじめサイコロを準備しておく）

①クレヨンは何色でしたか。「ピンク」と思うならサイコロの赤い面を、「むらさき」と思うならサイコロの青い面を、「みどり」と思うならサイコロの黄色の面を上にしてサイコロを置いてください。
②ハロルドの上を飛んで行ったのは何でしたか。「飛行機」と思うならサイコロの赤い面を、「船」と思うならサイコロの青い面を、「月」と思うならサイコロの黄色の面を上にしてサイコロを置いてください。
③陸地の端には何がありましたか。「山」と思うならサイコロの赤い面を、「海」と思うならサイコロの青い面を、「線路」と思うならサイコロの黄色の面を上にしてサイコロを置いてください。
④ハロルドは何の絵を描いてお家に帰りましたか。「飛行機」と思うならサイコロの赤い面を、「線路」と思うならサイコロの青い面を、「家のドア」と思うならサイコロの黄色の面を上にしてサイコロを置いてください。

〈参考〉　『ハロルドのふしぎなぼうけん』のあらすじ
壁に絵を描きたくなったハロルドは、家の壁に紫色のクレヨンで絵を描き始めました。たくさんの家、小さな町、そのそばに森、丘。描き進めていくうちに、絵の中の町を登って月も描きます。絵の中で巨人になったハロルドは、どんどん絵を描き冒険していきます。陸地の端には海、そこにはかもめ、外国にいく船、くじらまでいます。雲より高いハロルドは、崖を登り、高い山をいくつも超えます。山と山の間に線路を描き、周りの景色を描き足していき、そして自分がとても小さくなっていることに気が付きます。ヒナギクよりも小鳥よりも小さく、ネズミの穴にも落ちてしまいます。どうすれば家に帰れるだろうか。少し考えたハロルドは、これはただの絵、家に居ればいつもの大きさだと気付くのです。そうして自分の家の部屋の鏡付きのドアを描くと、「やっぱり、ぼくはいつもと同じだ」と自分の部屋に帰ることができたのでした。

〈時間〉　各10秒

〈解答〉　①青　②赤　③青　④黄

［2019年度出題］

家庭学習のコツ④　効果的な学習方法～お子さまの今の実力を知る

１年分の問題を解き終えた後、「家庭学習ガイド」に掲載されているレーダーチャートを参考に、目標への到達度をはかってみましょう。また、あわせてお子さまの得意・不得意の見きわめも行ってください。苦手な分野の対策にあたっては、お子さまに無理をさせず、理解度に合わせて学習するとよいでしょう。

学習のポイント

本校では例年「お話の記憶」が重要視されており、ＤＶＤによる記憶の問題も出題されています。絵本を２冊、ＤＶＤを１作品というのは長い時間なので、ふだんから長い読み聞かせに慣れておくようにしましょう。長いお話で、しかも具体物が次々に登場してくると、覚えるのに苦労するかもしれません。このお話の場合なら、「陸地の端に来たら海に来た」「海の先には崖があった」とシーンごとに覚えていきましょう。また、解答時に声を出してはいけないというお約束もあります。思い出すことに夢中になって、答え方のルールを忘れないように気を付けましょう。

【おすすめ問題集】
新口頭試問・個別テスト問題集、１話５分の読み聞かせお話集①・②、
お話の記憶 初級編・中級編・上級編、Ｊｒ・ウォッチャー19「お話の記憶」

問題12　分野：図形（口頭試問・積み木）

考え　集中

〈準 備〉 積み木（立方体、緑色３個、紫色４個、黄緑色５個）
あらかじめ、問題12－１の絵の積み木を、指定された色で塗っておく。

〈問 題〉 ①（色を塗った問題12－１の絵を見せる）この絵と同じように、積み木を積んでください。余った積み木は横に置いてください。途中で崩れた時は、初めからやり直してください。
②（問題12－２の絵を渡す）今から言う通りに、紙の上に積み木を置いてください。
・○の印がある四角に、緑色の積み木を置いてください。
・△の印がある四角に、紫色の積み木を置いてください。
・☆の印がある四角に、黄緑色の積み木を置いてください。
・緑色の積み木の隣の四角に、緑色の積み木を置いてください。
・紫色の積み木の上に、黄緑色の積み木を置いてください。
・今置いた積み木の上に、紫色の積み木を置いてください。
・はじめに置いた積み木の上に、黄緑色の積み木を置いてください。

〈時 間〉 ①１分　②各５秒

〈解 答〉 省略

［2019年度出題］

学習のポイント

指示にしたがって、積み木を積む課題です。指示を正確に理解した上で、平面に描かれた立体の位置を把握し、積み木を正確に積まなくてはなりません。もちろん、手先の器用さも必要ですが、口頭試問ならではの複合的な問題です。指示の通りに積むことはもちろんですが、課題に取り組む姿勢も観られていますので、急がずていねいに課題に取り組むようにしましょう。①では指定された色の通りに積み木を積むこと、崩れないように４段積むことの２つのことに注意しながら取り組まなければなりません。また、緑色と黄緑色の積み木を間違えないようにしましょう。②では、質問の中に「緑色の積み木の隣の四角に～」という指示がありますが、解答となる置き方は２通りあります。このように複数解答がある場合でも柔軟に対応できるようになりましょう。また、１つの作業を終えるとすぐに新たな指示を受けるという形式です。ただでさえ１つの作業に割ける時間が短いので、慌ててしまったり、指示を聞き逃してしまったりする可能性を考慮しておく必要があります。ふだんの練習の最後の課題では、ちょっと変わった指示を出したり、急がせたりするようにして、少しずつ慣れていくとよいでしょう。

【おすすめ問題集】
Ｊｒ・ウォッチャー３「パズル」、16「積み木」

問題13　分野：図形（個別口頭試問）

考え　集中

〈準　備〉　問題13-１の絵をあらかじめ太線に沿って切り抜いておく。

〈問　題〉　（問題13-１の絵を切り抜いたものと、問題13-２の絵を渡す）
パズルのピースを、台紙の形に合わせて並べてください。左から順に１つずつ行ってください。

〈時　間〉　３分

〈解答例〉　下図参照（全体の形が合っていれば正解としてください）

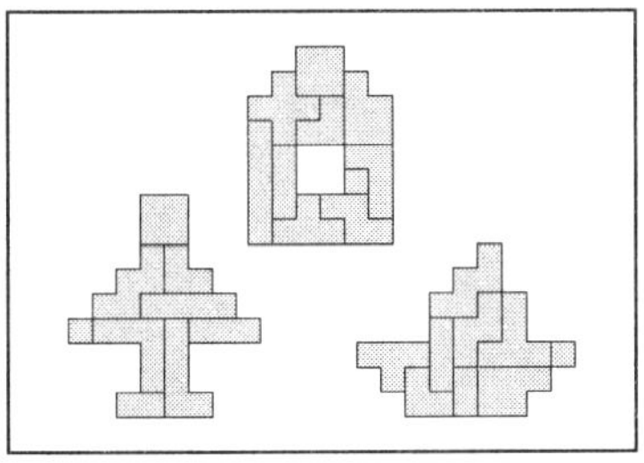

［2019年度出題］

学習のポイント

３～５種類程度のパターンブロックや積み木を組み合わせて見本の形を作るパズルの問題は、過去にも何度か出題されています。本問では、「ブロックス」という市販のゲームで使用するピースに似たものが使われていますが、ピースの種類が多く、当校の出題としてはやや難易度の高い問題となっています。図形を操作する問題の練習は、問題と同じものを実際に動かしながら行いましょう。また、ふだんからパズルやタングラムなどの図形を扱う遊び、積み木やブロックなどの立体を扱う遊びをたくさん行うとよいでしょう。図形や立体の持つ特性や法則のようなものを自ら発見し、それらを感覚的に理解できます。形と形を組み合わせた時の形や、回転・反転（裏返し）などの操作を行った後の形をイメージできるようになっておきましょう。

【おすすめ問題集】
　Ｊｒ・ウォッチャー３「パズル」、９「合成」、54「図形の構成」

問題14　分野：記憶（お話の記憶）

集中　聞く　話す

〈準備〉　絵本『ロバのシルベスターとまほうの小石』（詳細は巻末付録を参照）
サイコロ（それぞれの面を赤・青・黄の３色で塗り分けたものを用意する）
あらかじめ、問題14の絵を線に沿って切っておく。

〈問題〉　これからお話をするのでよく聞いてください。
（『ロバのシルベスターとまほうの小石』の絵本を読み聞かせる。絵本を読み終えた後、別の部屋に移動し、質問を行う。あらかじめ、サイコロを準備しておく）

①魔法の石は何色でしたか。同じ色の面が上になるように、サイコロを置いてください。
②シルベスターはどうして家に帰らなかったのですか。「ライオンになってしまったから」と思うならサイコロの赤い面を、「岩になってしまったから」と思うなら青い面を、「鳥になってしまったから」と思うなら黄色い面を上にして置いてください。
③（切り離した問題14の絵を渡す）それぞれの絵を、左からお話の順番に並べてください。
④もしも、なんでも願いが叶う魔法の小石を手に入れたら、あなたはどうしますか。お話ししてください。

〈参 考〉　『ロバのシルベスターとまほうの小石』のあらすじ
ロバのシルベスターは変わった形や色の石を集めるのが大好きです。ある日、草原で赤い石を拾いました。しばらくすると、雨が降ってきたので、シルベスターは「雨が止んでほしい」と思いました。すると、雨が止みました。赤い石は、どんな願いも叶う、魔法の小石だったのです。大喜びで何を願おうかと考えていると、シルベスターはライオンと出会ってしまいました。そこでシルベスターは「僕は岩になりたい」と思ってしまい、岩になってしまいました。
シルベスターのお父さんとお母さんは、シルベスターがいつまで経ってもお家に帰ってこないので、心配して探しにいきました。しかし、どこを探しても見つかりません。最後に、お父さんとお母さんは、シルベスターが岩になった草原にやってきました。そこで、お母さんは魔法の石を拾いました。お母さんは石を見て、「きれいな石ねえ。シルベスターにプレゼントしてあげたいわ」と言いました。すると、シルベスターが草原の向こうから走ってきました。お母さんの願いが叶って、シルベスターの魔法が解けたのです。シルベスターはお父さんとお母さんと抱き合って大喜びしました。

〈時 間〉　①②③各10秒　④２分

〈解 答〉　①赤　②青　③リンゴ→ミカン→イチゴ→バナナ　④省略

［2018年度出題］

学習のポイント

実際の試験は６名１組になり、プロジェクターで絵本を映し出す形式で行われました。その後、２人１組になり、別室に移動して質問が出されました。席の間はパーテーションで仕切られており、隣の人の解答を見ることはできません。実際にこのような場を用意して、家庭で練習することは難しいので、本問ではアレンジした出題方法を掲載しています。ご家庭で対策を採る場合は、まず、読み聞かせを行う時に、お子さまと距離を取り、絵本を開いて見せる状態で読み聞かせをします。その後、部屋を移して質問をするようにするとよいでしょう。絵を見ながらお話を記憶することには盲点があります。それは、聴覚よりも視覚の方が印象に残りやすいことです。質問される場面は必ずしも絵になっているとは限らないので、視覚に頼って記憶すると、絵になっていない部分の記憶があいまいになってしまう可能性もあります。ですから、スクリーンに大きく映し出された絵を頼るのではなく、お話を聞き取ることに重点を置いて練習を行うとよいでしょう。

※問題文の終わりに当校の入試で出題された絵本の一覧表があります。

【おすすめ問題集】
新口頭試問・個別テスト問題集、１話５分の読み聞かせお話集①・②、
お話の記憶 初級編・中級編・上級編、Ｊｒ・ウォッチャー19「お話の記憶」

問題15　分野：記憶（お話の記憶）

集中　聞く　話す

〈準備〉　絵本『ジョーイのぼうけん』（詳細は巻末付録を参照）
サイコロ（問題14で使用したものと同じもの）

〈問題〉　**この問題の絵はありません。**
これからお話をするのでよく聞いてください。
（『ジョーイのぼうけん』の絵本を読み聞かせる。絵本を読み終えた後、別の部屋に移動し、質問を行う。あらかじめ、サイコロを準備しておく）

①ジョーイは何の動物ですか。「カンガルー」ならサイコロの赤い面を、「クマ」なら青い面を、「ウサギ」なら黄色い面を上にして置いてください。
②ジョーイのほかにはどんな動物が出てきましたか。わかったら、手を挙げて答えてください。
③ジョーイの本当のおうちはどこですか。「郵便屋さんのカバンの中」ならサイコロの赤い面を、「お母さんの袋の中」なら青い面を、「ペリカンの口の中」なら黄色い面を上にして置いてください。
④ジョーイのお母さんの袋に1番最初に入ったのは誰ですか。「クマ」ならサイコロの赤い面を、「キリン」なら青い面を、「ウサギ」なら黄色い面を上にして置いてください。

〈参考〉　『ジョーイのぼうけん』のあらすじ
カンガルーのジョーイは、お母さんので暮らしています。ある日、ジョーイはお母さんとけんかをして、お母さんの袋から出ていってしまいました。どこで暮らそうか考えながら旅をしたジョーイは、ペリカンの口の中が空いていたので、その中に入りました。すると、ペリカンは遠くまで飛んでいってしまいました。
その頃、お母さんの袋の中が空っぽなのを見て、他の動物たちがお母さんカンガルーの袋の中で暮らそうとしていました。ウサギやクマ、キリンなど、さまざまな動物が来ましたが、お母さんの袋の中にうまく入れません。お母さんが困っていると、ウシの郵便屋さんがやってきました。ウシの郵便屋さんはカバンの中から、ジョーイを出しました。遠くまで家出したジョーイを届けてくれたのです。ジョーイはお母さんと仲直りして、袋の中に戻りました。

〈時間〉　各10秒

〈解答〉　①赤　②ウサギ、クマ、キリン、ウシ　③青　④黄

［2018年度出題］

学習のポイント

実際の試験は50名程度のグループで行われます。当校の入試の「お話の記憶」は、「集団でお話を聞く→別室に移動→お話に関する質問を受ける」という流れになります。お話を聞いてから質問を受けるまでの「間」があるので、お話のポイントを忘れないような工夫が必要かもしれません。例えば、お話を読んだ後、数量などの別分野の問題を１問解いてからお話の記憶の質問をする。また、２冊の絵本を１ページずつ交互に読み、その後に質問をする、といった形で頭を切り替える練習をしてください。繰り返せば、指示や「お話」のポイントをつかむコツがわかってくるでしょう。

【おすすめ問題集】
新口頭試問・個別テスト問題集、１話５分の読み聞かせお話集①・②、
お話の記憶 初級編・中級編・上級編、Ｊｒ・ウォッチャー19「お話の記憶」

問題16　分野：図形（口頭試問・積み木）

考え　集中

〈準備〉　積み木（立方体、赤・青・黄色・オレンジのものをそれぞれ３個ずつ用意）
あらかじめ、問題16の絵を指定された色で塗っておく。

〈問題〉　①（準備した積み木を渡し、問題16の絵を見せる）この絵と同じように、積み木を積んでください。余った積み木は横に置いてください。
②今、積んだ積み木の中から、赤い積み木を取って、上の段の積み木を下の段に落としてください。次に、同じ色の積み木が横に並んでいるものを見つけて、その積み木を取り、上の段の積み木を下の段に落としてください。横に並んだ同じ色の積み木がなくなるまで繰り返してください。

〈時間〉　①30秒　②１分

〈解答〉　①省略　②下図参照

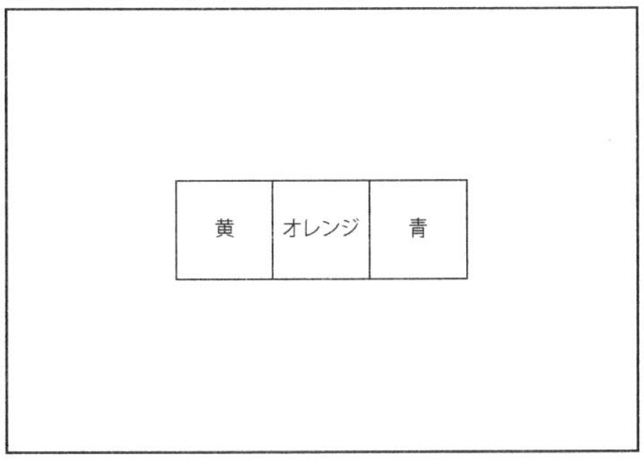

［2018年度出題］

学習のポイント

個別テストの場合、取り組むまでの時間、取り組んでいる最中、解答方法など、細部に渡って観察されます。したがって、取り組み始めるまでの時間も観察されていると考えましょう。特に指示を聞く姿勢は、正解不正解よりも場合によっては重要な評価対象になるのでくれぐれも注意してください。さて、実際の手順は、お手本と同じように素早く、きれいに積み上げるようにしましょう（この段階できれいに積み上げられないと、指定された積み木を取る時に崩れてしまう場合もあります）。次に、指示を聞き、「理解してから」積み木を操作します。この「理解してから」という点が重要で、中途半端な理解のまま行動してしまうと、それを見抜かれ、悪い評価を与えられかねません。なお、意外と気が付かないのが、片付けです。テスターに言われなくても、使用した積み木を片付けられるようにしましょう。

【おすすめ問題集】
Ｊｒ・ウォッチャー３「パズル」、16「積み木」

問題17　分野：個別テスト・数量（数える）

考え　集中

〈準 備〉　サイコロ（１～６の目が見えるもの）、
カード（表を黒、裏を白で塗り分けたものを５枚用意する）

〈問 題〉　※あらかじめ、問題17の絵のマス目の上に、準備したカードの黒い面を表にして置いておく。
これから私（出題者）がサイコロを置きます。そのサイコロの目と、テントウムシの背中の黒丸の数を足した数だけ、カードを裏返してください。カードはチューリップに近いものから裏返してください。すべて裏返したら、チューリップに近いものからさらに裏返してください。
次の問題になったら、すべてのカードを、黒い面が表になるように置いてください。
①（サイコロの目を２にして置く）では、始めてください。
②（サイコロの目を４にして置く）では、始めてください。
③（サイコロの目を６にして置く）では、始めてください。

〈時 間〉　１分

〈解 答〉　①黒：３枚　白：２枚
②黒：５枚　白：なし
③黒：３枚　白：２枚

［2018年度出題］

学習のポイント

テントウムシの黒丸の数は常に「６」です。そのことに気付けば、どの問題も、カードを６回めくった「黒白白白白」の状態から、サイコロの目の数だけカードをひっくり返せばよいことがわかります。「カードはチューリップに近いものから……」といった細かな手順の説明もありますが、実際にセッティングをし、カードを目の前にすれば、それほどわかりにくくはないでしょう。注意すべきなのは、「次の問題になったら、すべてのカードを……」の指示です。いわば、問題の準備をお子さま自身が行うという形になります。日頃の学習で、お子さまが「用意されたものをやる」という姿勢になりがちなら、何らかの対処をしておいた方がよいでしょう。

【おすすめ問題集】
Ｊｒ・ウォッチャー14「数える」、41「数の構成」

問題18　分野：記憶（お話の記憶）

集中　聞く　話す

〈準　備〉　絵本『ガリバーのぼうけん』、碁石（白、黒）

〈問　題〉　これからお話をするのでよく聞いてください。
（※絵本を、絵を見せながらゆっくりと読み聞かせた後、質問する）

①お話の感想を聞かせてください。
②上の段を見てください。ガリバーが火事を消すのに使った道具は何でしょうか。正しいものを選んで、黒の碁石を置いてください。
③下の段を見てください。ガリバーが敵の国の小人たちと戦った道具は何でしょうか。正しいものを選んで、白の碁石を置いてください。

〈参　考〉　「ガリバーのぼうけん」のあらすじ
小人たちの島に流れ着いたガリバーは、最初は暴れるかもしれないとくさりにつながれていましたが、王様に信用してもらい、くさりを外されて、小人の街で暮らし始めました。ある晩、ガリバーは王様の城で起きた火事を、帽子ですくった水で消し、町の人気者になりました。そして、隣の国の小人たちが、船に乗って攻め込んできたのをつり針に引っ掛けて釣り、全部まとめて浜辺へ引っ張り上げ、敵国の王様を降参させました。ガリバーの人気はさらに高くなりましたが、人気者のガリバーに王の座を取られるかもしれないと思った王様が、自分を殺そうと企んでいることをガリバーは知りました。それを小人たちも知り、ガリバーが自分の国に帰られるための大きなボートを作ってあげました。ガリバーは感謝し、自分の国へ帰ることができました。

〈時　間〉　適宜

〈解　答〉　①省略　②左端（帽子）　③右端（釣り道具）

［2017年度出題］

学習のポイント

当校のお話の記憶の問題は、市販されている絵本や読み聞かせのお話を大型プロジェクターを通して集団で聞いた後、２人１組で別室に移動し、同時に質問を受けるという形式で行われます。この形式は基本的に10年近く変わっていません。質問自体はお話の内容に関する、いたってシンプルなものですが、碁石を置く問題はともかく、お話の感想を述べる問題もあり、自分の意見や感想を述べるための語彙や表現力は必要です。日頃の読み聞かせの中で、単に読み聞かせを行うだけでなく、お話について簡単な質問をしたり、話し合うようにすると意思や感想を伝える力が自然と身に付いてきます。なお、ここでは簡単なあらすじを参考として掲載していますが、試験に即して絵を見せながら実際のお話を読み聞かせた方が、試験に慣れるという意味では効果的でしょう。

※巻末に当校の入試で出題された絵本の一覧表があります。

【おすすめ問題集】
新口頭試問・個別テスト問題集、１話５分の読み聞かせお話集①・②、
お話の記憶　初級編・中級編・上級編、Ｊｒ・ウォッチャー19「お話の記憶」

問題19　分野：記憶（お話の記憶）

集中　聞く　話す

〈準備〉　絵本『ポレポレやまのぼり』、碁石（白、黒）

〈問題〉　これからお話をするのでよく聞いてください。
（※絵本の絵を見せながらゆっくりと読み聞かせた後、質問する）

①お話の感想を聞かせてください。
②上の段を見てください。ヤギくんが作った夕食は何でしたか。正しいものを選んで、黒の碁石を置いてください。
③下の段を見てください。３人がキャンプをした場所はどこでしたか。正しい場所に印がついている絵を選んで、白の碁石を置いてください。

〈参考〉　「ポレポレやまのぼり」のあらすじ
「あわてんぼうのヤギくん。お調子者のハリネズミくん。しっかりもののゾウくん。みんなそろって、山登り。ゆっくりゆっくり、ポレポレ山登り…」森を抜け、川を渡り、草原の斜面を通り、険しい岩壁を登り、３匹は高い山の頂上に着きます。頂上で、ヤギくんが作ってくれたスープを夕食に食べ、キャンプをして、山頂に泊まります。翌朝みんなで山をゆっくりと降りていき、「次はどこへ行こうか」と相談しているところで本が終わります。タイトルの「ポレポレ」は「ゆっくり」という意味です。

〈時間〉　各10秒

〈解答〉　①省略　②右端（スープ）　③右端（山の頂上）

［2017年度出題］

学習のポイント

当校のお話の記憶分野の質問では、お話の内容の順番に出題されるとは限りません。お話の最初の方に出てきた内容が出題された後、次の質問ではお話の終わりの内容を聞かれることがあります。また、この問題のように、お子さまが好みそうな楽しい絵本の場合は、お話を楽しんでしまい、お話を覚えることを忘れたり疎かにしてしまうことがあります。話に入り込みすぎず、聞き取りが出来るように指示してください。ふだんからお話の世界をイメージすることを心がけて、聞き終わった後には必ず質問があるということを理解できていれば、お話にのめり込まずに適切な距離感を保つことができるでしょう。お話の途中で「今、公園には誰がいる？」「イチゴは何個持っている？」「自分なら、これからどうする？」などと質問して、情報を整理して覚える習慣を身に付けると、細部に関する質問にも正確に答えられるようになります。

【おすすめ問題集】
新口頭試問・個別テスト問題集、１話５分の読み聞かせお話集①・②、
お話の記憶 初級編・中級編・上級編、Ｊｒ・ウォッチャー19「お話の記憶」

問題20　分野：記憶（お話の記憶）

集中　聞く

〈準備〉　ＤＶＤ「パナマってすてきだな」、再生機器、
サイコロ（２面ずつ、クマ・トラ・イヌのシールを貼ってある）

〈問題〉　この問題の絵はありません。
これからお話を見せますので、よく見ていてください。
（※ＤＶＤを見せた後、質問する）

①「パナマ」と書かれた箱を見つけ、旅に出ようと言ったのはどの動物ですか。その動物が描いてある面を上にしてサイコロを出してください。
②旅の途中で「帰ろう」と言ったのはどの動物ですか。その動物が描いてある面を上にしてサイコロを出してください。
③最後に２人が見つけた「パナマ」とはどんなところでしたか。あなたはそれを見てどのように思いましたか。

〈参考〉　「パナマってすてきだな」のあらすじ
ちびトラとちびクマは、強いので怖いものなし。ある日２人は「パナマ」と書かれているとても良い匂いのする箱を見つけ、「パナマ」をめざす旅に出かけることになる。旅の途中で２人は、同じように旅をするイヌやネコなどたくさんの仲間や、今まで知らなかったものに出会う。そして、長い旅の後、２人は「パナマ」に着く。しかしそこは…。

〈時間〉　適宜

〈解答〉　①トラ　②クマ　③出発した家（感想は省略）

［2017年度出題］

学習のポイント

集団で「パナマってすてきだな」のＤＶＤを視聴した後、口頭試問形式でお話に対する問題が出題されました。2020年度とは少し違った解答方法になります。映像ですから情報量はどうしても多くなりますが、質問内容は絵本を使ったものと大きな差はなく、注意してあらすじをおさえておけばわかる程度のものです。もちろん、③の感想については、正解は１つではありません。むしろ、自分の気持ちを素直に、しっかりとテスターに思うところを伝えられれば、すべて正解としてもよいでしょう。「理想の場所を追い求めて、結局家に帰る（着く）」という、大人にとっても少し哲学的な内容の絵本ですから、完全な理解などは求められていません。登場人物の感情が想像できること、結末に面白さを感じられることなど、年齢相応の感想を示せれば十分でしょう。

【おすすめ問題集】
新口頭試問・個別テスト問題集、１話５分の読み聞かせお話集①・②、
お話の記憶 初級編・中級編・上級編、Ｊｒ・ウォッチャー19「お話の記憶」

問題21　分野：図形（個別口頭試問・回転図形）　考え　集中

〈準備〉　リバーシのコマ、パターンブロック（適宜、問題21-1の絵を参照）
　または問題21-2のイラストの左の部分を枠線に沿って切り抜いておく

〈問題〉　（問題21-2を渡し、問題21-1の絵を見せて）
①絵のとおりにリバーシのコマとブロックを並べてください。
②右に1回回すとリバーシのコマとブロックはどのようになりますか。実際に並べてください。
③左に1回回すとリバーシのコマとブロックはどのようになりますか。実際に並べてください。

〈時間〉　30秒

〈解答〉　下図参照

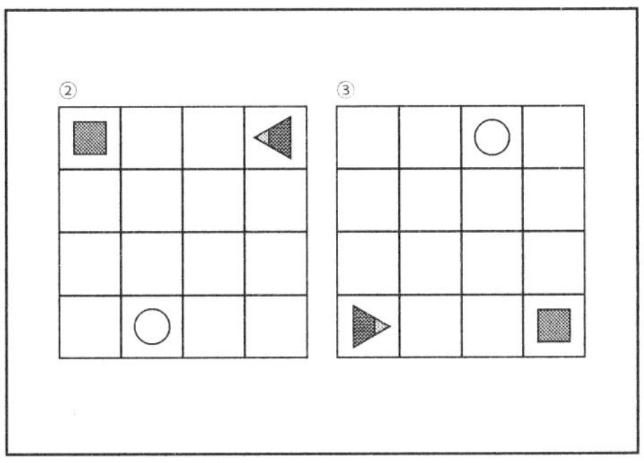

［2017年度出題］

学習のポイント

回転図形と座標の複合的な出題ですが、図形問題としてはやさしい問題と言えるでしょう。こうした図形問題全般に言えることですが、正答することだけでなく解答までのプロセスも非常に重要です。まず回転した時のイメージを頭の中に思い浮かべてください。その際、コマの位置だけでなく、向きにも注意しましょう。イメージができたら、はじめて実際にコマを置くのです。こうしたイメージが自然とできるようになるまでは、トレーシングペーパーや折り紙などの実物を使って実際に自分の手で折ったり、回転させたり、重ねたりすることを何度も繰り返しましょう。当校の問題は具体物を使うので、こうした問題の練習にもなります。イラストを切り抜いても答えることはできますが、できれば、ブロックや碁石なども本物を使ってください。実物を使ったご家庭での繰り返しの学習が、志願者に落ち着きをもたらし、確実な結果につながります。

【おすすめ問題集】
　Ｊｒ・ウォッチャー46「回転図形」

問題22　分野：推理（位置の移動）

考え　集中

〈準備〉　碁石（白と黒を１枚ずつ）

〈問題〉　（問題22-２を渡し、問題22-１の絵を見せて）
タヌキさんとキツネさんがジャンケンをします。パーで勝つと５つ、チョキで勝つと３つ、グーで勝つと１つ進みます。あいこの時はそのままです。

①（問題22-１の絵を見せる）この絵の左側の四角のように上から５回ジャンケンをした時、タヌキさんはどこのマスにいますか。そのマスに白い碁石を置いてください。
②（問題22-１の絵を見せる）この絵の右側の四角のように上から５回ジャンケンをした時、キツネさんはどこのマスにいますか。そのマスに黒い碁石を置いてください。

〈時間〉　１分

〈解答〉　下図参照

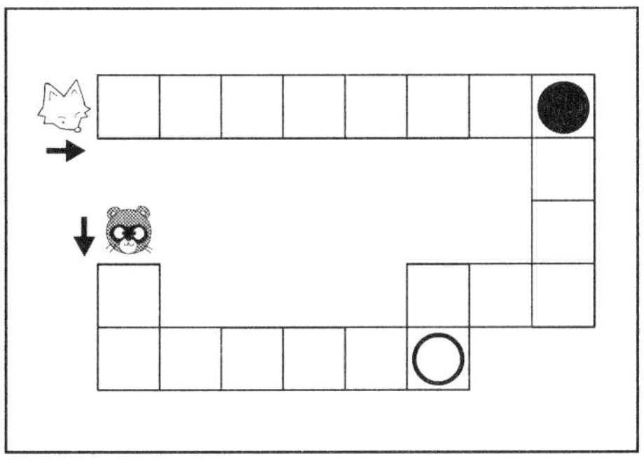

［2017年度出題］

学習のポイント

考えたり覚えたりするのではなく、指示が理解できていればほぼ正解できる問題です。ジャンケンの回数が多いので、コマの進め方に混乱しないようにしましょう。ジャンケンのたびに動物のコマを動かしてもよいですが、できれば、すべてのジャンケンの結果を計算して、動物のコマを移動させるようにしてください。「数の感覚がある」「問題の指示を的確に理解できている」といった印象を与えることができます。最近の私立小学校の入試では、10～20の数字を扱うことも増えてきました。この問題程度の数なら指折りで数えず、イメージで答えを得たいものです。

【おすすめ問題集】
Ｊｒ・ウォッチャー14「数える」、47「座標の移動」

問題23　分野：行動観察（歌・ダンス）

集中　聞く　協調

〈準 備〉　音楽が録音されたＣＤ（伴奏のみ）、再生機器
※出題者がピアノ等で演奏してもよい
（このテストは４名程度のグループで行う）

〈問 題〉　**この問題の絵はありません。**
①「アイアイ」の伴奏に合わせて歌を歌いましょう。最初は私（出題者）と一緒に歌ってください。２回目はみなさんだけで歌ってください。
②「イッツ・ア・スモール・ワールド」の音楽の伴奏に合わせて踊りましょう。最初は私（出題者）の真似をして一緒に踊ってください。２回目はみなさんの好きなように踊ってください。

〈時 間〉　適宜

［2017年度出題］

学習のポイント

例年出題される問題です。曲は毎年変わりますが、歌とダンスの組み合わせは変わらないようです。もちろん当校が、歌とダンスの才能を評価しているわけではなく、この２つを通して集団行動がしっかりできているかを見ていると考えてください。「自由に歌う」「踊る」と指示されても、小学校のクラスでは各々が勝手に振る舞ってよいというわけではなく、時間の制限であったり、一緒に行動する人への思いやりが必要だったりします。学校はそういった点が、この行動観察でも守られているかを観ているのです。この問題への対処も、よく歌や踊りに用いられている曲をあらかじめ聞いておくことを対策とするのではなく、指示を守ること、積極的に行動することなどを意識することを重視してください。お子さまのためのリトミック教育（音楽を使う教育）では、「情操」「音感」「生活習慣」の３つが養われると言います。学校の評価も入試の時点でこれらのことがどのくらい備わっているかということなのです。

【おすすめ問題集】
Ｊｒ・ウォッチャー29「行動観察」

問題24　分野：記憶（お話の記憶）

集中　聞く　話す

〈準 備〉　絵本『３匹のこぶた』、碁石（白、黒）
あらかじめ問題24-１の絵を線に沿って切り離し、カードにする。

〈問 題〉　これからお話をするのでよく聞いてください。
（※絵本を、絵を見せながらゆっくりと読み聞かせた後、質問する）

①お話の感想を聞かせてください。
②（準備した問題24-１の絵を渡す）お話の順番になるように絵を左側から並べてください。
③（問題24-２の絵を渡す）壊されなかった家はどれでしょうか。その絵の上に白の碁石を置いてください。

〈参 考〉　「３匹のこぶた」のあらすじ
子ブタの三兄弟が家を建てました。長男はワラの家を、次男は木の家を、三男はレンガの家を造りました。すると、長男の家にお腹をすかせたオオカミがやってきます。オオカミは長男に家の中に入れて欲しいと頼みますが、長男は断ります。腹を立てたオオカミはワラの家を吹き飛ばしてしまいました。長男は次男の木の家に逃げ込みますが、オオカミはこれも吹き飛ばしてしまいました。長男と次男は三男のレンガの家に逃げ込みます。オオカミはレンガの家を吹き飛ばすことができなかったので、煙突を通って暖炉から中に入ることにします。しかし、暖炉では子ブタが、アツアツのスープを作っており、この中に落ちて火傷をしてしまったオオカミは、泣きながら山に逃げ帰りました。

〈時 間〉　各10秒

〈解 答〉　①省略　②　○→□→△→☆　③右（レンガの家）

［2016年度出題］

学習のポイント

2016年度も、２つのお話を続けて読み聞かせた後、２人１組で別室に移動し、先生からお話についての質問を受けるという形式で行われました。当校のお話の記憶の問題は、例年、市販されている絵本や読み聞かせのＤＶＤをプロジェクターで見せるという形式を採っています。試験対策を行う際、絵本の代わりにＤＶＤを利用して学習をすることは少ないと思います。そのような環境下で集中力を持続することはお子さまにとってはかなり難易度が高いと言えるでしょう。その理由として、人が読んでいる時の息遣いなどは、読み聞かせにおいて、とても重要だからです。同様に、録音機器を使用しての出題は、理解度が落ちると言われています。こうした対策としては、目で見て記憶することに重点をおくのではなく、聞く（耳）の力を付けることが重要となります。イラストに頼らずお話を耳で聞いて、頭の中にお子さまだけの絵本を展開する方法を中心にし、映像は補助的なアイテムと考えることをおすすめします。

【おすすめ問題集】
新口頭試問・個別テスト問題集、１話５分の読み聞かせお話集①・②、
お話の記憶 初級編・中級編・上級編、Ｊｒ・ウォッチャー19「お話の記憶」

問題25　分野：記憶（お話の記憶）

集中　聞く　話す

〈準備〉　絵本『３匹のかわいいおおかみ』、碁石（白、黒）
あらかじめ問題25-１の絵を線に沿って切り離し、カードにする。

〈問題〉　問題25－１の絵は縦に使用してください。
これからお話をするのでよく聞いてください。
（※絵本の絵を見せながらゆっくりと読み聞かせた後、質問する）

①お話の感想を聞かせてください。
②（準備した問題25-１の絵を渡す）この３枚の絵をお話の順番になるように、左側から並べてください。
③（問題25-２の絵を渡す）壊されなかった家はどれでしょうか。その絵の上に黒の碁石を置いてください。

〈参考〉　「３匹のかわいいオオカミ」のあらすじ
かわいいオオカミの三兄弟が、カンガルーからもらったレンガで家を建てました。すると、大ブタがやってきて、家の中に入れて欲しいと頼みますがオオカミたちは断ります。腹を立てた大ブタはレンガの家をハンマーでたたき壊してしまいました。次にオオカミたちはビーバーからもらったコンクリートで家を建てますが、大ブタはこれを電気ドリルで壊してしまいます。更にオオカミたちはサイからもらった鋼鉄で家を建てましたが、大ブタはこれもダイナマイト吹き飛ばしてしまいます。最後にオオカミたちはフラミンゴからもらった花で家を作りました。大ブタは花を吹き飛ばそうとしますが、花の匂いをかぐとたちまちいい気分になってしまい、今までのことを反省しました。オオカミたちは大ブタを許して、４人は一緒に暮らすことになりました。

〈時間〉　各10秒

〈解答〉　①省略　②□→○→△　③右下（花の家）

［2016年度出題］

学習のポイント

２つのお話を続けて読み聞かせ、後から２つまとめて質問するという課題は、当校独特の出題形式です。さらに本問は「オオカミ」「ブタ」「家を建てるが壊される」といった点が２つのお話で共通しているため、頭の中でお話が混ざってしまわないよう注意しなければいけません。あらすじは全く逆のものですから、お話の流れを頭の中でイメージできれば問題ないでしょう。
質問は口頭試問形式で、答え方は「カードを並べる」「碁石を置く」動作を伴います。当校では他にも「指を立てる」「サイコロの面を使う」などのユニークな解答方法があり、いずれも先生の指示をよく聞く必要があります。解答がわかっていても、答え方がわからないのでは評価につながりません。１つひとつの指示をよく聞き、その通りに行動することは、運動や行動観察の課題でも必要とされる能力です。日頃の遊びにオリジナルのルールをつけて、動きを変えてみるなどして、動きの幅を広げてみるとよいでしょう。

【おすすめ問題集】
新口頭試問・個別テスト問題集、１話５分の読み聞かせお話集①・②、
お話の記憶 初級編・中級編・上級編、Ｊｒ・ウォッチャー19「お話の記憶」

問題26　分野：記憶（お話の記憶）

集中　聞く

〈準備〉　ＤＶＤ「かいじゅうたちのいるところ」、再生機器、サイコロ（２面ずつ、赤・青・黄のシールを貼っておく）

〈問題〉　**この問題の絵はありません。**

これからお話を見せますので、よく見ていてください。

（※ＤＶＤを見せた後、質問する）

①主人公の男の子の名前は何ですか。ハリーだと思う人は赤、マックスだと思う人は青、ケインだと思う人は黄色の面を上にして、サイコロを置いてください。

②男の子の着ていた着ぐるみは何ですか。オオカミだと思う人は赤、トラだと思う人は青、ゾウだと思う人は黄色の面を上にして、サイコロを置いてください。

③かいじゅうたちが眠ってしまった後、男の子はどんな気持ちになりましたか。楽しい気持ちになったと思う人は赤、さびしい気持ちになったと思う人は青、怒った気持ちになったと思う人は黄色の面を上にして、サイコロを置いてください。

〈参考〉　「かいじゅうたちのいるところ」のあらすじ

主人公の少年マックスは、ある日オオカミの着ぐるみを着ていたずらをする。母親は怒ってマックスを夕食抜きで部屋に閉じ込めました。すると、暗くなったマックスの部屋は不思議な世界につながります。そこはかいじゅうたちのいる世界で、かいじゅうたちは角や牙の生えた恐ろしい姿でしたが、オオカミの着ぐるみを着ていたマックスを見て彼を「かいじゅうの王様」にしてしまいます。マックスはかいじゅうたちと一緒に歌ったり踊ったりして楽しく過ごしました。しかし、かいじゅうたちが眠ってしまうと、マックスは寂しくなって自分の部屋に戻ります。家には夕食がまだ温かいまま置かれていました。

〈時間〉　適宜

〈解答〉　①マックス（青）　②オオカミ（赤）　③さびしい気持ち（青）

［2016年度出題］

学習のポイント

ＤＶＤで読み聞かせを行う問題です。当校で題材にされるお話は有名なものが多く、大きな書店や図書館に置いてあるものがほとんどです。ふだんからさまざまなお話に触れる機会があれば、話の内容に戸惑うということはないでしょう。ＤＶＤでの読み聞かせは、話し手の表情が見えませんし、話すペースも一定なので、お子さまは戸惑うかもしれません。小学校入試の読み聞かせはＣＤや放送などで行われることが多いため、録音された音声での読み聞かせなどにも慣れておくとよいでしょう。

また、今回の題材にされたお話は外国で書かれたものです。外国の人名やものの名前、文化の違いなどは、お子さまにとってなかなか経験しにくいものです。しかし絵本や物語で慣れることはできます。外国の童話は日本の童話とはまた違った雰囲気を持っていますから、お子さまも新鮮な気持ちでお話を聞くことができて、やる気を出してくれるでしょう。お子さまの想像力を豊かにするためにも、ぜひ挑戦してみてください。

【おすすめ問題集】

新口頭試問・個別テスト問題集、１話５分の読み聞かせお話集①・②、

お話の記憶 初級編・中級編・上級編、Ｊｒ・ウォッチャー19「お話の記憶」

問題27　分野：図形（回転図形）

考え　集中

〈準　備〉　碁石（白、黒を４つずつ）

〈問　題〉　（問題27－１の絵を見せて、問題27－２を渡す）この絵を見てください。絵の上にある☆が右側に来るように回すと、●と○の位置はどうなりますか。渡した絵のマス目の上に、●の位置なら黒の碁石を、○の位置なら白の碁石をそれぞれ置いてください。ただし、紙を回してはいけません。

〈時　間〉　30秒

〈解答例〉　下図参照

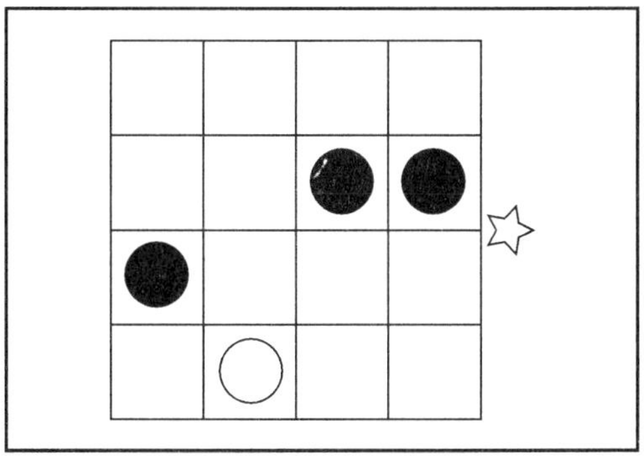

［2016年度出題］

学習のポイント

答えとなる図形を作るという問題は、過去にもブロックやリバーシのコマを使って出題されました。しかしこの問題はお手本通りに作るのではなく、お手本を回転させた図形を作らなくてはいけません。いわゆる回転図形の問題です。この問題を解くには、まず図形が回転するということはどういうことなのかを、お子さまが理解するところから始めましょう。お手本を実際に回転させ、星印の位置が右側に来た時、黒と白の碁石はどこに来るのかを確かめてください。回転図形の概念がわかったようでしたら、碁石の数を１、２個程度にして、問題と同じ条件で練習します。慣れてきたら碁石の数を増やして、本格的な問題に取り組んでいきましょう。

【おすすめ問題集】
　Ｊｒ・ウォッチャー46「回転図形」

問題28　分野：図形（四方観察）

考え　集中

〈準備〉　積み木

〈問題〉　（問題28の絵を見せ、積み木を渡す）絵の真ん中にある積み木を、ネコとイヌの方向から見たら、どう見えるでしょうか。それぞれ積み木で作ってください。

〈時間〉　1分

〈解答〉　下図参照

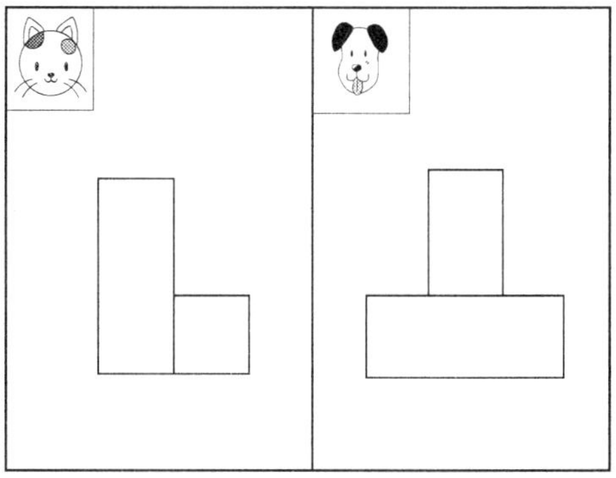

［2016年度出題］

学習のポイント

当校の入試は、この問題のように「答えとなる図形を実際に渡された道具で作る」「ある条件の下でお手本を動かしたらどうなるか、ブロックや積み木を並べる」といった課題が毎年出題されます。ポイントは、お手本通りに作るのではなく、お手本に手を加える必要があるということです。制作の問題というよりは、むしろ他校のペーパーテストの問題を、筆記以外の方法で解答する、という気持ちで取り組んでください。立体図形の問題として捉えるなら、この問題はシンプルな四方観察です。立体図形は見る方向によってさまざまな形に見えるということがわかっていれば、つまずくことはないでしょう。もし、頭の中で立体の見え方が想像できていても、実際に積み木を組むのに戸惑ってしまうということがあったら、まずはいくつかの図形を用意し、その中から答えの図形を選ばせる、というやり方で慣れていくとよいでしょう。

【おすすめ問題集】
　Ｊｒ・ウォッチャー10「四方からの観察」、53「四方からの観察　積み木編」

問題29　分野：図形（パズル・構成）・行動観察

考え　集中

〈準 備〉 積み木（長方形３つ、正方形１つ、三角形２つ。同じ形の積み木は別々の色のものを用意する）、机、仕切り（段ボールなど）

〈問 題〉 （この問題は２人１組で行う。同じ机の上に２セットの積み木を用意する。２人の間には仕切りが置かれ、お互いの手元が見えないようにする）
これから絵を見せますので、その絵と同じように積み木を組んでください。左上の絵から取り組んでください。
（問題29の絵を見せる）では、始めてください。

〈時 間〉 １分

〈解 答〉 省略

［2016年度出題］

学習のポイント

本問は、お手本通りに積み木を組む問題です。しかしお手本の数は多く、制限時間内にて終わらせられるものではありません。また、仕切りで隠されているとはいえ、すぐ隣でお友だちも同じ問題に取り組んでいます。ふだんは落ち着いているお子さまでも、こうして競争心を煽られると、焦って指示を無視してしまったり、思わぬ行動に出てしまうことも十分考えられます。お子さまには、すべての問題に答えることが大事なのではなく、約束を守って１つひとつ取り組んでいくことが大事だと教えてください。渡される積み木は、同じ形でも別の色が塗られています。全体のシルエットが合っていても、使われるパーツの位置が間違っていれば正解にはなりません。落ち着いていればお子さまも間違えないでしょうが、時間がない中で問題に取り組むことになるので、焦ってしまわないように注意しましょう。

【おすすめ問題集】
Ｊｒ・ウォッチャー３「パズル」、29「行動観察」、54「図形の構成」

問題30　分野：行動観察（歌・ダンス）

集中　聞く　協調

〈準 備〉 「おもちゃのチャチャチャ」など、音楽が録音されたＣＤ（伴奏のみ）、再生機器　※出題者がピアノなどで演奏してもよい
（このテストは４名程度のグループで行う）

〈問 題〉 この問題の絵はありません。
①「おもちゃのチャチャチャ」の伴奏に合わせて歌を歌いましょう。最初は私（出題者）と一緒に歌ってください。２回目は伴奏に合わせてみなさんだけで歌ってください。
②音楽の伴奏に合わせて踊りましょう。最初は私（出題者）の真似をして一緒に踊ってください。２回目は伴奏に合わせてみなさんの好きなように踊ってください。

〈時 間〉 適宜

［2016年度出題］

学習のポイント

例年出題される問題です。流れる歌や踊りは毎年変わりますが、「ピアノの演奏に合わせて歌を歌う」「音楽の伴奏に合わせて踊る」「１回目は先生の真似をして踊るが、２回目はお子さまたちが自由に踊る」という点は共通しています。毎年出題が変わらないのは、音楽を使ったリトミック教育で培われるという「情操」「音感」「生活習慣」といった点でお子さまがどの段階にあり、どれだけの「のびしろ」があるかを判断しようという目的があるからでしょう。知識や思考力を判断するものではありませんから、お子さまには「恥ずかしがらずに堂々と、元気よく、ルールを守り、自分らしく取り組む」ということを事前に伝えておけば充分です。歌や踊りの練習をわざわざする必要はありません。

【おすすめ問題集】
　Ｊｒ・ウォッチャー29「行動観察」

問題31　分野：記憶（お話の記憶）

集中　聞く

〈準 備〉　絵本『わすれられない　おくりもの』、碁石
あらかじめ、机の上に青の○と赤の○を書いた紙を置いておく。

〈問 題〉　この問題の絵はありません。
これからお話をするのでよく聞いてください。
（※絵本を、絵を見せながらゆっくりと読み聞かせた後、質問する）

①丘の上で、カエルとかけっこをしたのは誰ですか。ウサギだと思う人は碁石を青の○に、モグラだと思う人は碁石を赤の○に置いてください。
②アナグマの手紙を読んだのは誰ですか。キツネだと思う人は碁石を青の○に、リスだと思う人は碁石を赤の○に置いてください。
③アナグマがみんなに残してくれたものとは何だと思いますか。何ものをもおそれない勇気だと思う人は碁石を青の○に、宝物となるような知恵や工夫だと思う人は碁石を赤の○に置いてください。

〈参 考〉　「わすれられない　おくりもの」のあらすじ…賢くて、森のみんなに頼りにされるアナグマ。モグラとカエルのかけっこを見に行った日の夜、たいへん歳を取ったと感じた彼は、森の友だちにあてて「自分が死んでも悲しまないように」という手紙を書く。彼はそのまま眠ってしまい、昔のように自由に走り回る夢を見ました。
次の朝、アナグマがいつものようにやって来ないのを心配して、森のみんなが集まりました。キツネが、アナグマが死んだことを伝え、アナグマの手紙を読みます。その夜、雪が積もり、みんなはそれぞれアナグマに親切にしてもらったことを思い出しながら、悲しみの中で毎日を過ごすのです。やがて雪が溶けて外に出られるようになると、みんなはアナグマの思い出を語り合いました。アナグマが残してくれたかけがえのないもの、それは、知恵や工夫、豊かな思い出でした。そんな宝物をもらい、みんなの心から悲しみは消えるのでした。

〈時 間〉　各10秒

〈解 答〉　①モグラ（赤の○）　②キツネ（青の○）
③宝物となるような知恵や工夫（赤の○）

［2015年度出題］

学習のポイント

実際の試験では、70人ほどのグループでプロジェクターに映し出される絵本を見ながらお話を聞いた後、２人ずつ６年生の先導で別室に移動して、先生と一対一になって口頭試問が行われました。例年、市販されている絵本やＤＶＤからの出題が続いていますので、当校の受験を考えるのであれば、たくさんの絵本に親しんでおくとよいでしょう。読み聞かせが終わった後に内容について質問したり、感想を聞いたり、あらすじをまとめさせたりなどを繰り返すと、お話に対する集中力が付いてきます。お話の要所要所で質問をはさむと、そこまで話を理解しているかどうかがわかります。ただし、お子さまにお話の内容を細かく記憶することを強いることのないように、気を付けてください。お子さまをお話ぎらいにさせてしまっては元も子もありません。あくまで親子のコミュニケーションの一環として楽しみながら、たくさんのお話を聞かせてあげましょう。

【おすすめ問題集】
新口頭試問・個別テスト問題集、１話５分の読み聞かせお話集①・②、
お話の記憶 初級編・中級編・上級編、Ｊｒ・ウォッチャー19「お話の記憶」

問題32　分野：記憶（お話の記憶）

集中　聞く

〈準 備〉　ＤＶＤ「どろんこハリー」、再生機器、サイコロ（２面ずつ、赤・青・黄のシールを貼っておく）

〈問 題〉　この問題の絵はありません。
これからお話を見せますので、よく見ていてください。
（※ＤＶＤを見せた後、質問する）

①ハリーが大嫌いなものは何ですか。掃除をすることだと思う人は赤、お風呂に入ることだと思う人は青、顔を洗うことだと思う人は黄色の面を上にして、サイコロを置いてください。
②ハリーが裏庭に埋めたものは何ですか。せっけんだと思う人は赤、ブラシだと思う人は青、ボールだと思う人は黄色の面を上にして、サイコロを置いてください。
③道路工事をしているところと、水びたしの砂場と、石炭トラックの上のうち、ハリーが遊ばなかったのはどこですか。道路工事をしているところだと思う人は赤、水びたしの砂場だと思う人は青、石炭トラックの上だと思う人は黄色の面を上にして、サイコロを置いてください。
④ハリーが見たのはどんな夢ですか。おいしいごはんを食べる夢だと思う人は赤、お風呂が好きになる夢だと思う人は青、どろんこになって楽しかった夢だと思う人は黄色の面を上にして、サイコロを置いてください。

〈参 考〉　「どろんこハリー」のあらすじ…黒いぶちのある白い犬、ハリーは、お風呂に入るのが大嫌い。ある日、ハリーは、お風呂にお湯を入れる音を聞くと、ブラシを裏庭に埋めて外へと抜け出します。工事現場で遊んで泥だらけになり、鉄道橋の上で遊んですすだらけになり、石炭トラックの上で遊んで真っ黒けになったハリーは、まるで白いぶちのある黒い犬。お腹を空かせて家に帰っても、誰にもハリーだと気付いてもらえません。ハリーは、ふと思い立ち、埋めたブラシを掘り出してお風呂へ駆け込んで洗ってもらいます。ようやく自分だと気付いてもらって安心したハリーは、その夜、お気に入りの場所でぐっすり眠るのでした。

〈時 間〉　各10秒

〈解 答〉　①お風呂に入ること（青）　②ブラシ（青）　③水びたしの砂場（青）
④どろんこになって楽しかった夢（黄色）

［2015年度出題］

学習のポイント

実際の試験は、教室に15人ほどの志願者が着席し、ＤＶＤを見た後の質問にサイコロで答えるという形式で行われました。例年、形式に多少の違いはあっても、絵を見ながらお話を聞いて、内容についての質問に答える問題が、２～３問、出題されています。小学校入学後の授業を想定し、黒板を見ながら先生の話をしっかり聞いて理解することのできる子どもを求めているためと考えてよいでしょう。「お話の記憶」の問題の対策はしっかりと取っておく必要があります。絵本などの読み聞かせをたくさん行い、お話を聞くことの楽しさを教えてあげてください。お子さまが絵本に集中できないようであれば、本の選び方や読み方を工夫してみてもよいかもしれません。絵の色づかいや登場人物の性格づけがはっきりしていて、１ページあたりの文字量が少なく全体が短い絵本であれば、お子さまの集中力も持続しやすいでしょう。

【おすすめ問題集】
新口頭試問・個別テスト問題集、１話５分の読み聞かせお話集①・②、
お話の記憶 初級編・中級編・上級編、Ｊｒ・ウォッチャー19「お話の記憶」

問題33　分野：推理（座標の移動）

考え

〈準備〉　碁石、サイコロ、赤色と青色の積み木各１個（サイコロと同程度の大きさで、転がっていかないものなら何でもよい）

〈問題〉　まず、サルのところに碁石を置いてください。今から、サイコロ１つと積み木１つを一緒に転がします。赤の積み木が出たら、サイコロの目の数だけ左回りに進んでください。青の積み木が出たら、サイコロの目の数だけ右回りに進んでください。

①では、始めます。
（サイコロと、赤色の積み木か青色の積み木を適当に選んで転がす。３回程度続ける）

それでは、碁石をスタートしたところに戻してください。

②碁石がトラのところまで行くためには、何色の積み木といくつの目が出ればいいですか。答えてください。
③碁石がトラのところからブタのところまで行くためには、何色の積み木といくつの目が出ればいいですか。答えてください。

〈時間〉　①適宜　　②③各15秒

〈解答〉　①省略
②赤の積み木と５、または青の積み木と３
③赤の積み木と４、または青の積み木と４

［2015年度出題］

学習のポイント

１～20くらいまでの数の計数、左右の区別は、さまざまな形で出題されますので、入試前にはしっかり身に付けておくようにしましょう。本問では、「赤は左」「青は右」というはじめの指示を聞き逃すと、設問①だけでなく、②③まで答えられなくなってしまいます。入試では、先生に何度も問題を読んでもらうことはできませんので、お話を集中して聞くことが何より大切です。ふだんの生活や学習を通して、重要な場面では特に注意して話を聞く姿勢が身に付くように、「大事なことを言うからしっかり聞いて」「１回しか言わないからよく聞いて」などと、集中すべき時であるということがお子さまに伝わるようにしてください。就学後、授業を的確に理解して学習を進めていくためにも、「人の話を注意して聞く」姿勢を身に付けておくとよいでしょう。

【おすすめ問題集】
Ｊｒ・ウォッチャー14「数える」、47「座標の移動」

問題34　分野：記憶（お話の記憶）　集中　聞く

〈準 備〉　絵本『おちゃのじかんにきたとら』
画用紙（青の○と赤の○を書いておく）、碁石

〈問 題〉　**この問題の絵はありません。**
これからお話をするのでよく聞いてください。
（※絵本をゆっくりと読み聞かせた後、質問する）
①お茶の時間にたずねて来たのはだれでしたか。ライオンだと思う人は碁石を青の○に、トラだと思う人は赤の○に置いてください。
②トラが食べたことのなかった食べ物は何ですか。お肉だと思う人は碁石を青の○に、クッキーだと思う人は赤の○に置いてください。
③お父さんの良い考えとは何でしょう。みんなでレストランにいくことだと思う人は碁石を青の○に、みんなで森に行くことだと思う人は赤の○に置いてください。

〈参 考〉　「おちゃのじかんにきたとら」のあらすじ
ある日、ソフィーとお母さんがお茶の時間にしようとしていると、「ごめんください、お茶の時間にご一緒させていただけませんか」と毛むくじゃらのトラが入ってきました。お母さんは「もちろん、いいですよ。どうぞお入りなさい」と言ってトラを食卓に招きます。２人は次々に食べ物をすすめます。好物のお肉から今まで食べたことのないお菓子まで、トラは全部食べてしまい、ついには、家中の食べものも飲みものもなくなってしまいます。困っているとおとうさんが帰ってきて、「それならみんなでレストランに行こう」と提案するのです。

〈時 間〉　適宜

〈解 答〉　①トラ（赤）　②クッキー（赤）　③レストランに行くこと（青）

[2014年度出題]

学習のポイント

実際の試験ではプロジェクターでスクリーンに絵本のページを映しながら、上級生による朗読を聞いた後、続けて問題35のお話を鑑賞しました。その後、出題者と一緒に３人１組で別室に移動します。個別テストは、朗読されたお話に関する問題を机の上にある赤色・青色の○が書かれたシートと碁石を使って答えるという形式で行われたようです。
当校では細かな形式の違いはあっても、毎年、昔話や童話が２、３問出題されています。入試対策はもちろん、聞く力を鍛えるためにも、読み聞かせは積極的に行ってください。

【おすすめ問題集】
新口頭試問・個別テスト問題集、１話５分の読み聞かせお話集①・②、
お話の記憶 初級編・中級編・上級編、Ｊｒ・ウォッチャー19「お話の記憶」

問題35　分野：記憶（お話の記憶）

集中　聞く

〈準備〉　絵本「ライオンをかくすには」
画用紙（青の○と赤の○を書いておく）、碁石

〈問題〉　**この問題の絵はありません。**
これからお話をするのでよく聞いてください。
（※絵本をゆっくりと読み聞かせた後、質問する）
①はじめライオンはどこに隠れていましたか。公園だと思う人は碁石を青の○に、家の庭だと思う人は赤の○に置いてください。
②女の子がライオンに読んだ本は何ですか。絵本だと思う人は碁石を青の○に、お母さんの買った雑誌だと思う人は赤の○に置いてください。
③ライオンが捕まえたのは誰ですか。市長さんだと思う人は碁石を青の○に、市役所に入ろうとしたどろぼうだと思う人は赤の○に置いてください。
④ライオンが市長さんからもらったものは何ですか。帽子だと思う人は碁石を青の○に、お肉だと思う人は赤の○に置いてください。

〈参考〉　「ライオンをかくすには」のあらすじ
ある日、ライオンが帽子を買いにぶらりと町へやってきます。突然の猛獣の出現に、町の人たちは大騒ぎ。その様子にライオンも驚いて、一目散に逃げ出します。ライオンは、ちいさな女の子のアイリスがあそぶ庭に逃げ込みました。アイリスはライオンに絵本を読んであげたり、ライオンを両親から隠すために工夫をします。しかし、ある日ライオンは見つかってしまいます。追われたライオンは逃げ、市役所の入り口に並んでいるライオンの像のあいだに入って隠れます。その時、ライオンは市役所に入ろうとするどろぼうを偶然見つけ、見事に捕まえます。ライオンは、捕まえられることなく、ご褒美に欲しかった帽子を市長から贈られたのです。

〈時間〉　適宜

〈解答例〉　①家の庭（赤）　②絵本（青）　③どろぼう（赤）　④帽子（青）

［2014年度出題］

学習のポイント

ここ数年のパターンと同様に、問題34・35は「問題34のお話→問題35のお話→問題34の設問→問題35の設問」という順番で出題されました。通常の「お話の記憶」のようにお話を聞いてから、直後に答えるよりも混乱しやすいかもしれません。特に細かい点を聞かれるわけではありませんから、物語の流れを把握すればこの問題には答えられるでしょう。ただし、次の問題36などのように、選択肢が増えたり、口頭で答えるケースもあります。そういう場合は、あらすじを頭の中でしっかりイメージできていないと、逆に難しく感じるかもしれません。

【おすすめ問題集】
新口頭試問・個別テスト問題集、１話５分の読み聞かせお話集①・②、
お話の記憶 初級編・中級編・上級編、Ｊｒ・ウォッチャー19「お話の記憶」

問題36　分野：記憶（お話の記憶）

集中　聞く　話す

〈準　備〉　絵本「ごきげんなライオン」
（あらかじめ、問題36のイラストを切り分けておく）

〈問　題〉　（絵本を読み、その後で机の上に切り分けたカードを並べる）
①ライオンが住んでいるところはどこでしょう。
カードを１枚選んでください。
②ライオンと仲良しの飼育係の子どもの名前はなんでしょう。
お話してください。
③仲良しの飼育係の子どもはライオンとどこまで帰りましたか。
カードを１枚選んでください。
④３人のおばさんは、ライオンにびっくりして、どうしたでしょう。
お話してください。
⑤ライオンが町に出てきたために、だれが出動しましたか。
カードを１枚選んでください。

〈参　考〉　「ごきげんなライオン」のあらすじ
フランスのある町の動物園に、ごきげんなライオンがいました。毎日、飼育係の息子のフランソワや、デュポン校長先生や、パンソンおばさんや、町の人みんながごきげんなライオンに挨拶してくれます。ある日、ごきげんなライオンは、ライオンの家のドアが開いているのに気付き、いつも挨拶してくれる町の人達に、自分から挨拶しに行くことにしました。いつも動物園で会う３人のおばさんは、まるで鬼を見たように「ウアー」と一目散に逃げ出しました。パンソンおばさんも「きゃー」と叫びながら逃げて行きました。町の人たちはごきげんなライオンに会うと大声をあげて逃げていきます。町は大騒ぎになり、消防隊も出動し、ごきげんなライオンに近づいてきます。その時、後ろでフランソワのかわいい声がします。
「やあ、ごきげんなライオンくん」
逃げ出さずに声をかけてくれる友だちに会って、ごきげんなライオンはとてもごきげん。２人で動物園まで歩いて帰りました。

〈時　間〉　各10秒

〈解　答〉　①動物園のカード　②フランソワ　③動物園のカード　④叫びながら逃げた
⑤消防隊のカード

［2014年度出題］

学習のポイント

お話を聞いた後、さらに部屋を移動し、プロジェクターでスクリーンに絵本のページを映しながら、上級生による朗読が行われました。ここでは絵の描かれたカードを使った解答と口頭の解答があったようです。お話の題材はオーソドックスですが、絵本１冊ですのでかなりの長さです。最近の傾向では、短い絵本を２冊読んでから解答するという形式ですが、このように絵本１冊だけで問題が出題されることも過去にはありました。絵本の冊数に限らず、これだけ長く読み聞かせを行うと、お子さまが慣れていなければストレスを感じてしまうかもしれません。まれに、物語の細かい点を質問してくることがありますので、「誰が～をした」という事実関係だけは必ずおさえておきましょう。練習問題を行う際も、説明をさせたり、手を動かしたりすると、興味が持続して質問になりやすい話の要点が無理なく押さえられるようになります。

【おすすめ問題集】
新口頭試問・個別テスト問題集、１話５分の読み聞かせお話集①・②、
お話の記憶 初級編・中級編・上級編、Ｊｒ・ウォッチャー19「お話の記憶」

問題37　分野：数量（置き換え、一対多の対応）

考え　集中

〈準備〉　リバーシのコマ

〈問題〉　**この問題の絵は縦に使用してください。**
上の段を見てください。白いコマ１個でキャラメルが２個買えます。黒いコマ１個でキャラメルが４個買えます。
①真ん中の段を見てください。白いコマ１個と黒いコマ２個では、いくつのキャラメルが買えますか。話してください。
②下の段を見てください。白いコマ３個と黒いコマ１個では、いくつのキャラメルが買えますか。話してください。

〈時間〉　各１分

〈解答〉　①８個　②10個

［2014年度出題］

学習のポイント

当校では、本問のような碁石やおはじきを解答時に使用した数量の問題が、過去に出題されています。「置き換え」はお子さまにとって混乱しやすい問題ですが、あらかじめその考え方に慣れておくと、順序立てて考えることができるでしょう。ここでは月齢によって出題条件のリバーシのコマの枚数が異なったそうです。お子さまの発達段階にも配慮された出題形式ですから、問題にただ答えるための対策は必要なく、むしろ質問の意味を理解することや、どのような答え方をすれば良いのかを考えたほうがよいでしょう。

【おすすめ問題集】
Ｊｒ・ウォッチャー42「一対多の対応」、57「置き換え」

問題38　分野：複合（積み木、置き換え、一対多の対応）

集中　観察

〈準備〉　リバーシのコマ

〈問題〉　**この問題の絵は縦に使用してください。**
上の段を見てください。白いコマ１個でキャラメルが２個買えます。黒いコマ１個でキャラメルが４個買えます。
①真ん中の段を見てください。図のようにキャラメルが並べられています。このキャラメルを買うには白いコマがいくつ必要ですか。同じ数だけ白いコマを並べてください。
②下の段を見てください。図のようにキャラメルが並べられています。このキャラメルを買うには黒いコマがいくつ必要ですか。同じ数だけ黒いコマを並べてください

〈時間〉　各１分

〈解答例〉　①○：５　②●：３

［2014年度出題］

学習のポイント

『オセロ』とほぼ同じルールのリバーシというゲームのコマをお金に、積み木をキャラメルに見立てた問題ですが、積み木の組み方自体はさほど複雑なものではありません。日頃から積み木に慣れ親しんでいれば問題ないレベルでしょう。問題を解く際は「一対多の対応」についても考えるのはもちろん、キャラメルとコマの関係（コマ○枚でキャラメルが△個もらえる）を理解する必要があります。前問がしっかりと理解できていればスムーズに答えられるでしょう。なお、この問題も、月齢に応じて積み木の組み方が異なったようです。

【おすすめ問題集】
Ｊｒ・ウォッチャー16「積み木」、42「一対多の対応」、
53「四方からの観察　-積み木編-」

問題39　分野：推理（座標の移動）

集中　考え

〈準 備〉　リバーシのコマ

〈問 題〉　**この問題の絵は縦に使用してください。**
（問題39の絵を渡す）
上の段を見てください。ウサギは「うえ」の「う」で始まるので上に１マス進みます。シカは「した」の「し」で始まるので下に１マス進みます。ヒマワリは「ひだり」の「ひ」で始まるので左に１マス進みます。ミカンは「みぎ」の「み」で始まるので右に１マス進みます。

①下の段を見てください。リンゴが描いてあるマスから「ウサギ」→「ヒマワリ」→（　　　）→「ミカン」でクマさんのいるところに着きました。（　　　）には何が入りますか。当てはまるものを選んで、上の段のイラストの上に白いコマを置いてください。
②下の段を見てください。イチゴが描いてあるマスから「シカ」→（　　　）→「ウサギ」→「シカ」→「ヒマワリ」→「ミカン」→「シカ」でクマさんのいるところに着きました。（　　　）には何が入りますか。当てはまるものを選んで上の段のイラストの上に黒いコマを置いてください。

〈時 間〉　各１分

〈解 答〉　①ウサギ　②ミカン

［2014年度出題］

学習のポイント

位置の移動と推理の複合問題です。移動に関してはそれほど複雑な約束ではありませんから、「約束」をよく把握して指示をよく聞けば問題ありません。むしろ、ここでは（　）に何が入るかを推理することの方が難しいかもしれません。個別テストでは、手元に筆記用具がありませんから、お約束を理解した上で実際にリバーシのコマが動く様子をイメージしながらでなければなかなか答えられないでしょう。むろんスタートからでもゴールからでもリバーシのコマを実際に動かしながら解答しても構いませんが、テスト本番では具体物を使いながらの解答ができないこともあります。見た瞬間にある程度は答えを予測できるぐらいに、この種の問題に慣れておくことが試験前準備の理想です。

【おすすめ問題集】
Ｊｒ・ウォッチャー47「座標の移動」

問題40　分野：記憶（お話の記憶）

集中　聞く

〈準 備〉　ＤＶＤ「ディズニー　３匹の子ぶた」

〈問 題〉　この問題の絵はありません。

①１番大きいブタは、何で家を作りましたか。ワラの家だと思う人は指を１本、木の家だと思う人は指を２本、レンガの家だと思う人は指を３本立てて胸の前に出してください。
②２番目に大きいブタは、何を弾いていましたか。笛だと思う人は指を１本、バイオリンだと思う人は指を２本、ピアノだと思う人は指を３本立てて胸の前に出してください。
③１番小さいブタは、何で家を作りましたか。ワラだと思う人は指を１本、木だと思う人は指を２本、レンガだと思う人は指を３本立てて胸の前に出してください。

〈時 間〉　即答が望ましい

〈解 答〉　①１本（ワラ）　②２本（バイオリン）　③３本（レンガ）

［2013年度出題］

学習のポイント

「３匹の子ぶた」はこの年だけでなく、取り上げられています。このように当校では、「名作」とされる保護者にとってもなじみ深い童話が取り上げられることが多いようです。もちろん新作の童話が取り上げられることもありますが、そちらばかりに偏ることなく、昔から読み継がれているおとぎ話を含め、「定番のお話」も読み聞かせることを意識してください。

【おすすめ問題集】
新口頭試問・個別テスト問題集、１話５分の読み聞かせお話集①・②
お話の記憶 初級編・中級編・上級編、Ｊｒ・ウォッチャー19「お話の記憶」

絵本・ＤＶＤ一覧

問題１：『シロクマくつや』
・・・・・・・・・・・・・・・・・・・・・・・著：おおで　ゆかこ／偕成社

問題２：『ちいさな　ちいさな　うわぐつ』
・・・・・・・・・・・・・・・・・・・・・・・著：おおで　ゆかこ／偕成社

問題３：『つみきのいえ』
・・・・・・・・・・・・・・・・・・・・・・・・・・・・監督：加藤久仁生

問題９：『もりいちばんのおともだち』
・・・・・・・・・・・・・・・・・・・・・著：ふくざわ　ゆみこ／福音館書店

問題10：『あめのもりのおくりもの』
・・・・・・・・・・・・・・・・・・・・・著：ふくざわ　ゆみこ／福音館書店

問題11：『世界絵本箱　ごきげんなライオン』より『ハロルドのふしぎなぼうけん』
・・・著：クロケット・ジョンソン／ヤマハミュージックアンドビジュアルズ

問題14：『ロバのシルベスターとまほうの小石』
・・・・・・・・・　著：ウィリアム・スタイグ　　訳：せた　ていじ／評論社

問題15：『ジョーイのぼうけん』
・・・・・・・・・・・・・・・・・・・・・・著：ジャック・ケント／ペンタン

問題18：『ガリバーのぼうけん』
・・・・・・・　著：ジョナサン・スウィフト　　訳：井上　ひさし／文藝春秋

問題19：『ポレポレやまのぼり』
・・・・・・・・・・・・・・・・・・・・文・絵：たしろ　ちさと／大日本図書

問題20：ＤＶＤ『パナマってすてきだな』
・・・・・・・・・・・・・・・・・　著：ヤーノシュ　　訳：矢川　澄子／評論社

問題24・40：『３匹のこぶた』
・・・・ＤＶＤ　ディズニー　絵本　訳：瀬田　貞二／福音館書店

問題25：『３びきのかわいいおおかみ』
・・・・・・・　著：ユージーン・トリビザス　　訳：こだま　ともこ／冨山房

問題26：ＤＶＤ『かいじゅうたちのいるところ』
・・・・・・・　著：モーリス・センダック　　訳：じんぐう　てるお／評論社

問題31：『わすれられない おくりもの』
・・・・・・・・・・・・・・・・・・・・・　著：　スーザン・バーレイ／評論社

問題32：ＤＶＤ『どろんこハリー』
・・・・・原作　文：ジーン・ジオン　絵：マーガレット・ブロイ・グレアム

問題34：『おちゃのじかんにきたとら』
・・・・・・・・・・・・・・・・・・・・・著：ジュディス・カー／童話館出版

問題35：『ライオンをかくすには』
・・・・・・・・・・・・・・・・・　著：ヘレン スティーヴンズ／ブロンズ新社

問題36：『ごきげんならいおん』
・・・・・・・・・・・・・・・・・・・・著：ルイーズ・ファティオ／福音館書店

立教小学校　専用注文書

年　月　日

合格のための問題集ベスト・セレクション

＊入試頻出分野ベスト３

1st　お話の記憶
集中力　聞く力

2nd　図　形
聞く力　思考力　観察力

3rd　運　動
聞く力　協　調

受験者数は若干減ったとはいえ、ミスのできない入試になっています。
問題内容や指示を集中して聞くのはもちろんですが、どのように答えるかについても注意が必要です。

分野	書　名	価格(税抜)	注文	分野	書　名	価格(税抜)	注文
図形	Ｊｒ．ウォッチャー 3「パズル」	1,500円	冊		お話の記憶　初級編	2,600円	冊
図形	Ｊｒ．ウォッチャー 9「合成」	1,500円	冊		お話の記憶　中級編	2,000円	冊
数量	Ｊｒ・ウォッチャー 14「数える」	1,500円	冊		お話の記憶　上級編	2,000円	冊
数量	Ｊｒ．ウォッチャー 16「積み木」	1,500円	冊		分野別 苦手克服問題集 記憶編	2,000円	冊
記憶	Ｊｒ・ウォッチャー 19「お話の記憶」	1,500円	冊		分野別 苦手克服問題集 図形編	2,000円	冊
記憶	Ｊｒ．ウォッチャー 20「見る・聴く記憶」	1,500円	冊		新 個別テスト・口頭試問問題集	2,500円	冊
運動	Ｊｒ・ウォッチャー 28「運動」	1,500円	冊		新 ノンペーパーテスト問題集	2,600円	冊
行動観察	Ｊｒ．ウォッチャー 29「行動観察」	1,500円	冊		新 運動テスト問題集	2,200円	冊
推理	Ｊｒ・ウォッチャー 31「推理思考」	1,500円	冊		小学校受験で知っておくべき 125 のこと	2,600円	冊
数量	Ｊｒ・ウォッチャー 42「一対多の対応」	1,500円	冊		新 小学校受験の入試面接Ｑ＆Ａ	2,600円	冊
図形	Ｊｒ・ウォッチャー 46「回転図形」	1,500円	冊		新 願書・アンケート文例集 500	2,600円	冊
	1話5分の読み聞かせお話集①	1,800円	冊		保護者の悩みＱ＆Ａ	2,600円	冊
	1話5分の読み聞かせお話集②	1,800円	冊		小学校受験入門　願書の書き方から面接まで	2,500円	冊

合計	冊	円

（フリガナ） 氏　名	電　話 ＦＡＸ E-mail
住 所　〒　　　－	以前にご注文されたことはございますか。 有　・　無

★お近くの書店、または記載の電話・FAX・ホームページにてご注文をお受けしております。
電話：03-5261-8951　FAX：03-5261-8953　代金は書籍合計金額＋送料がかかります。
※なお、落丁・乱丁以外の理由による商品の返品・交換には応じかねます。
★ご記入頂いた個人に関する情報は、当社にて厳重に管理致します。なお、ご購入の商品発送の他に、当社発行の書籍案内、書籍に関する調査に使用させて頂く場合がございますので、予めご了承ください。

日本学習図書株式会社
http://www.nichigaku.jp

問題1・2

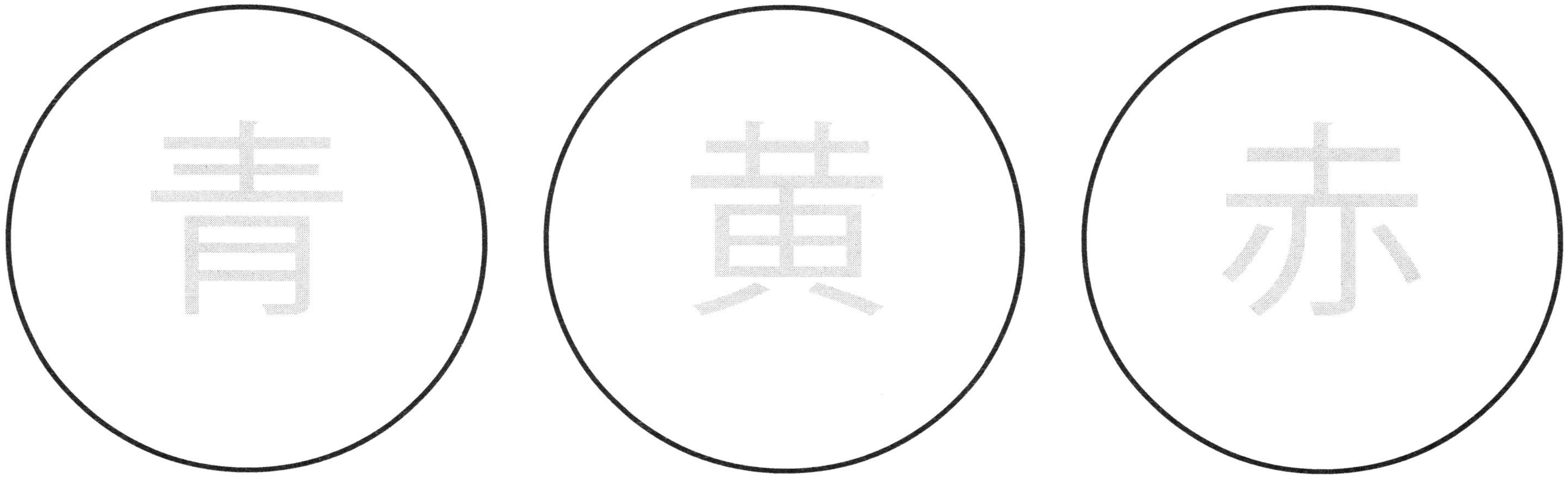

問題 4 - 1

2021年度版 立教小学校 過去 無断複製/転載を禁ずる 日本学習図書株式会社

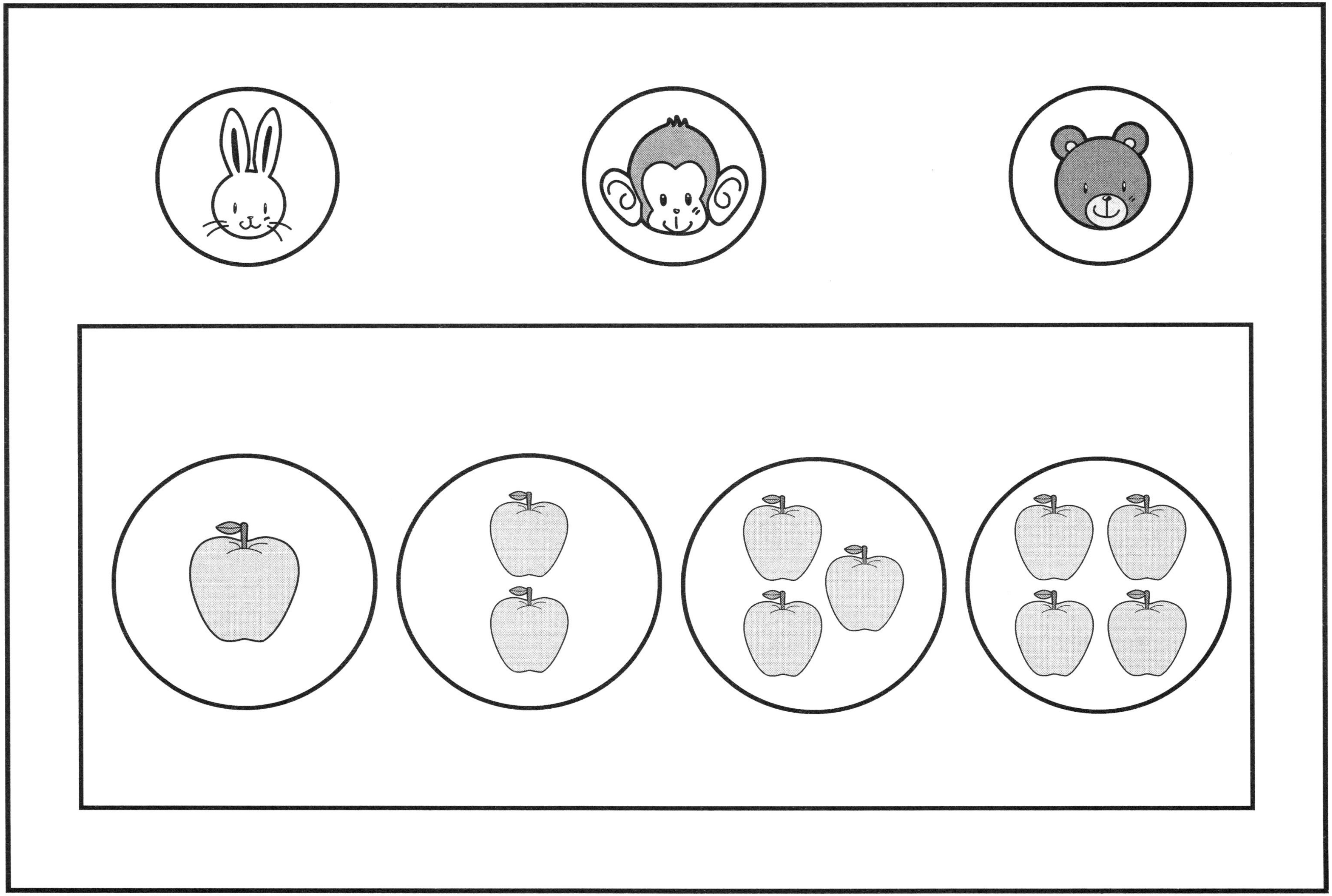

2021年度版 立教小学校 過去 無断複製／転載を禁ずる

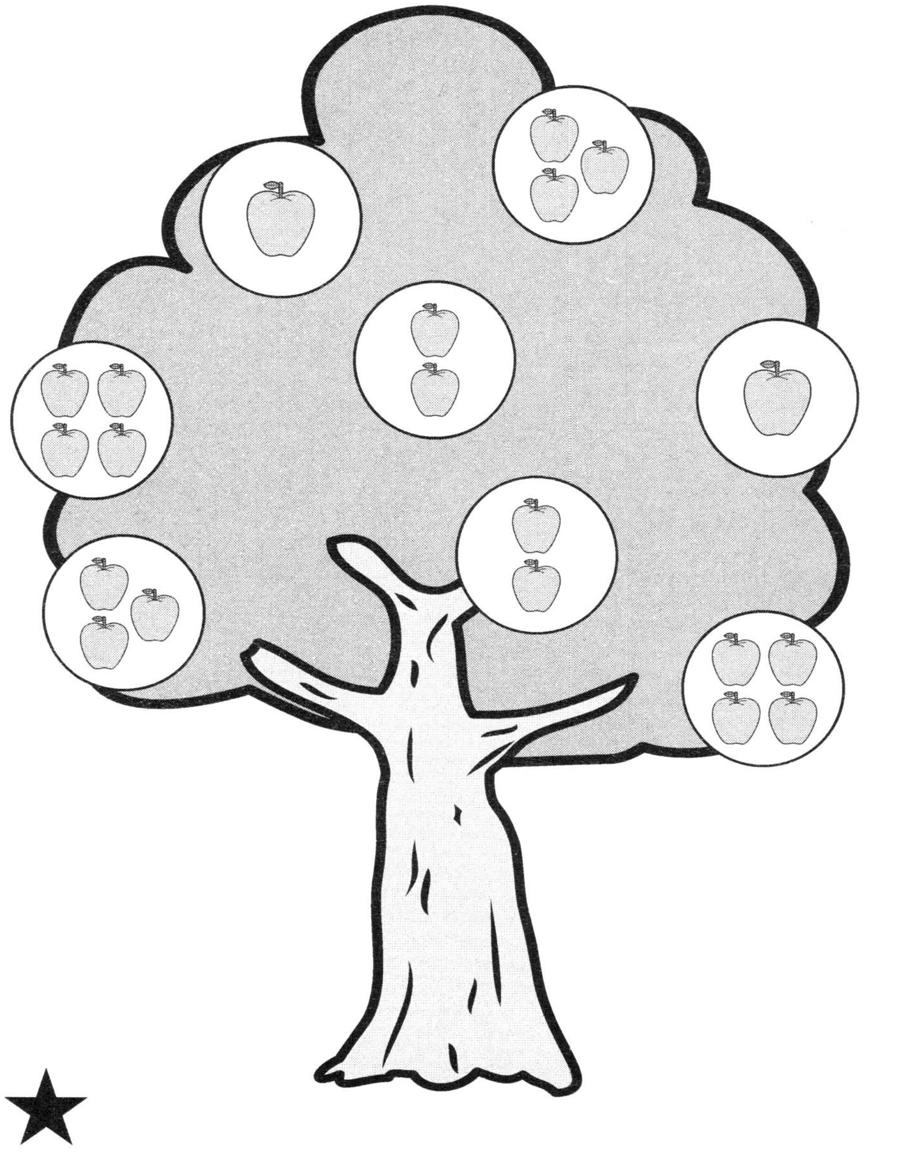

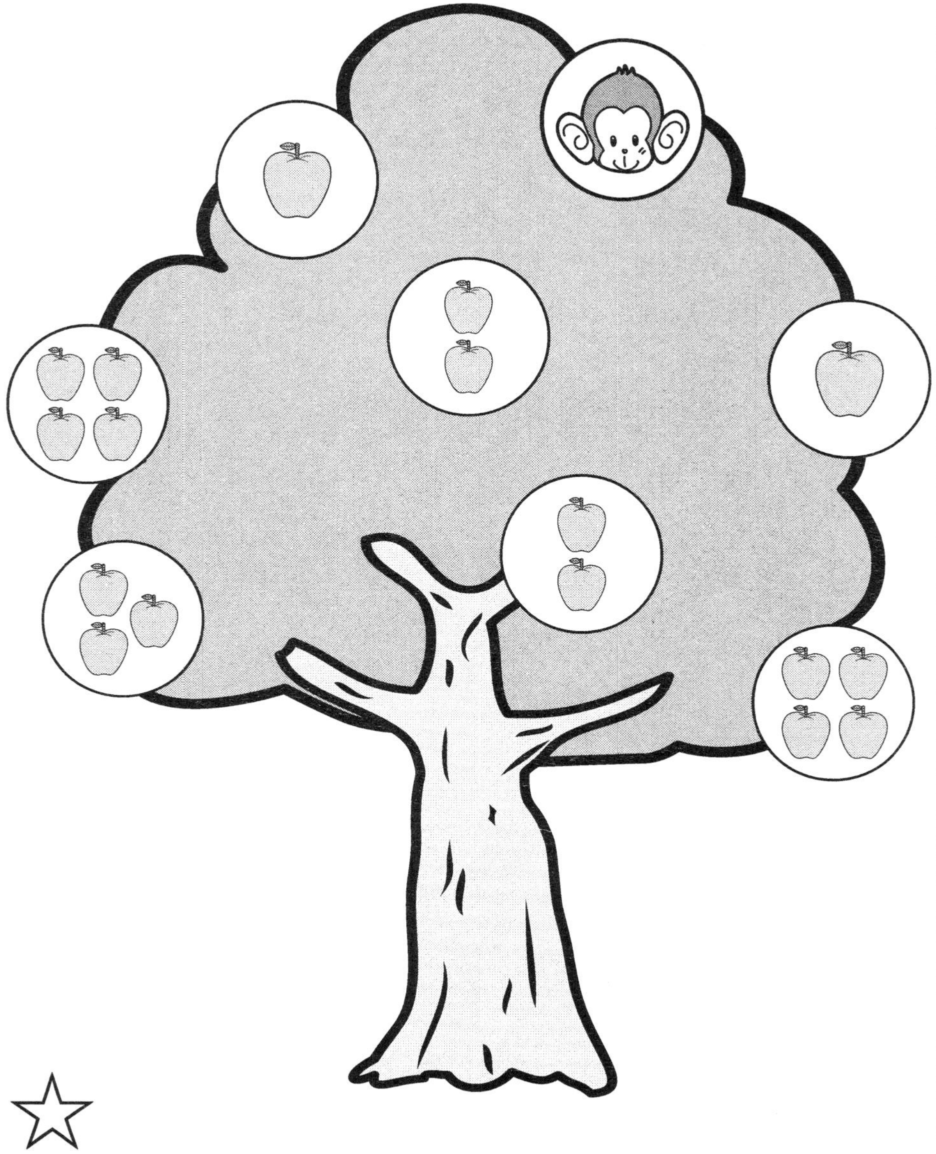

問題４－３

問題5－1

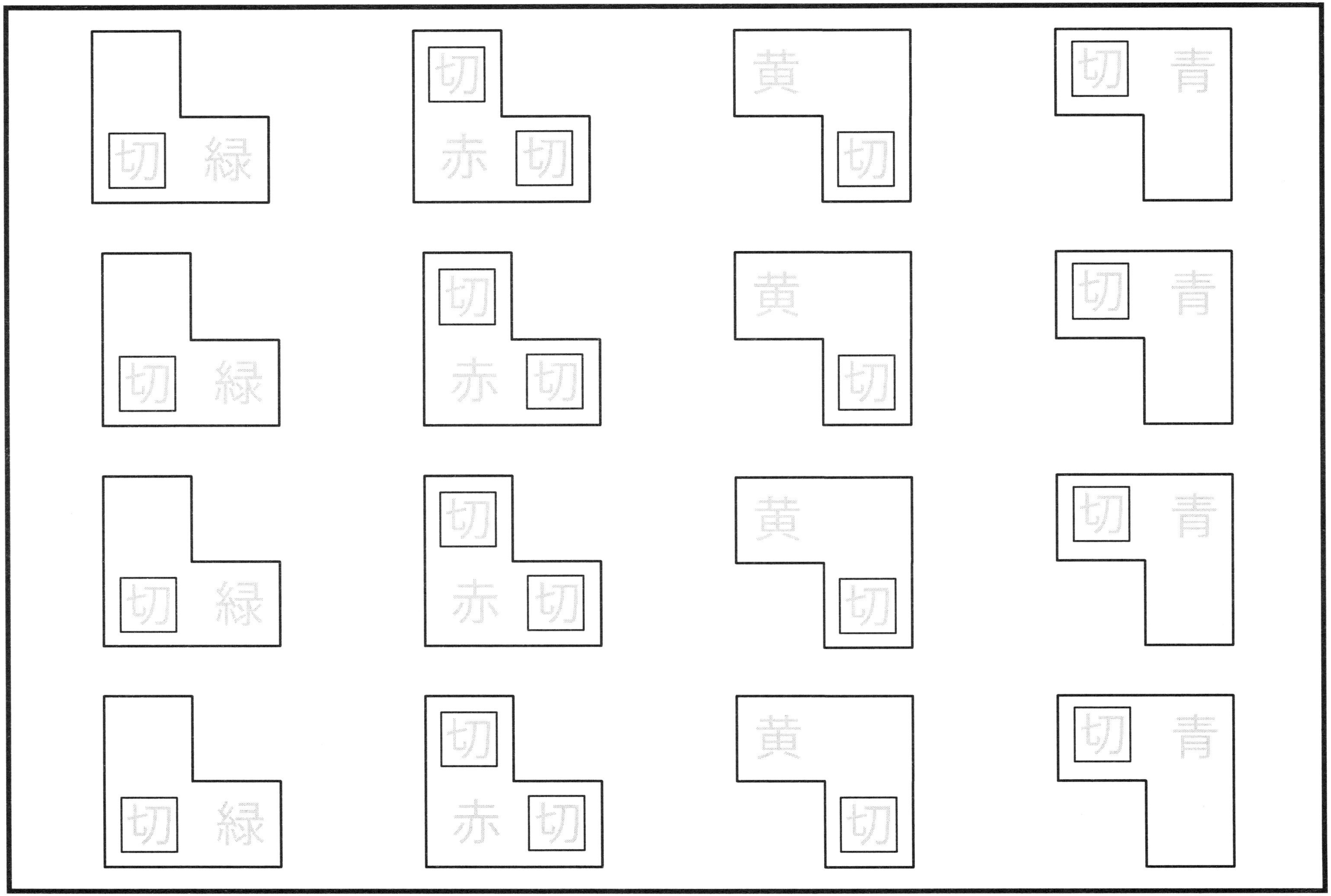

2021年度版　立教小学校　過去　無断複製／転載を禁ずる　日本学習図書株式会社

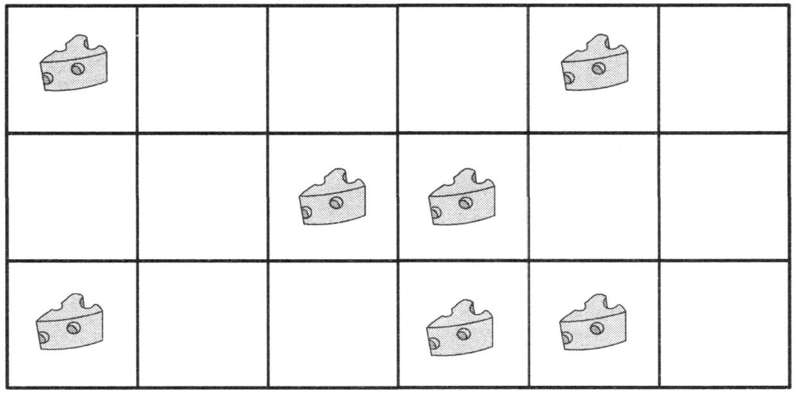

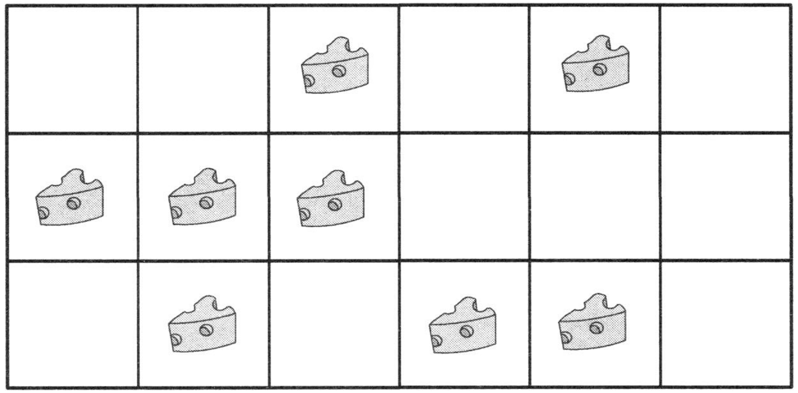

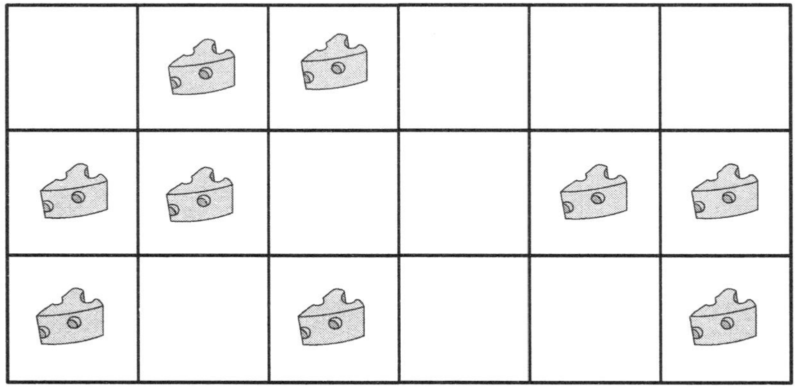

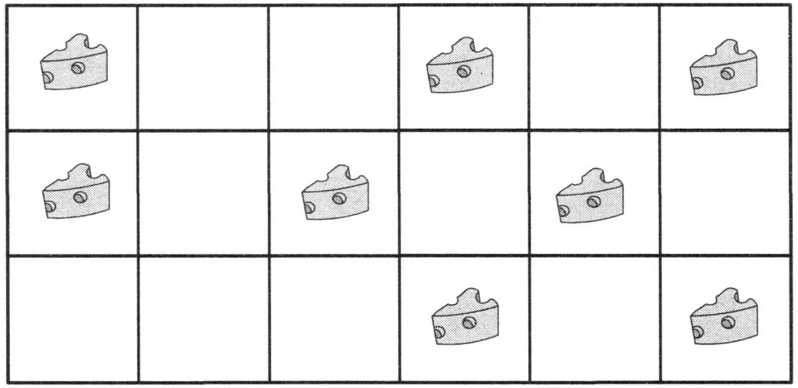

問題6

25m程度

体育座りで待つ

2021年度版　立教小学校　過去　無断複製／転載を禁ずる　　日本学習図書株式会社

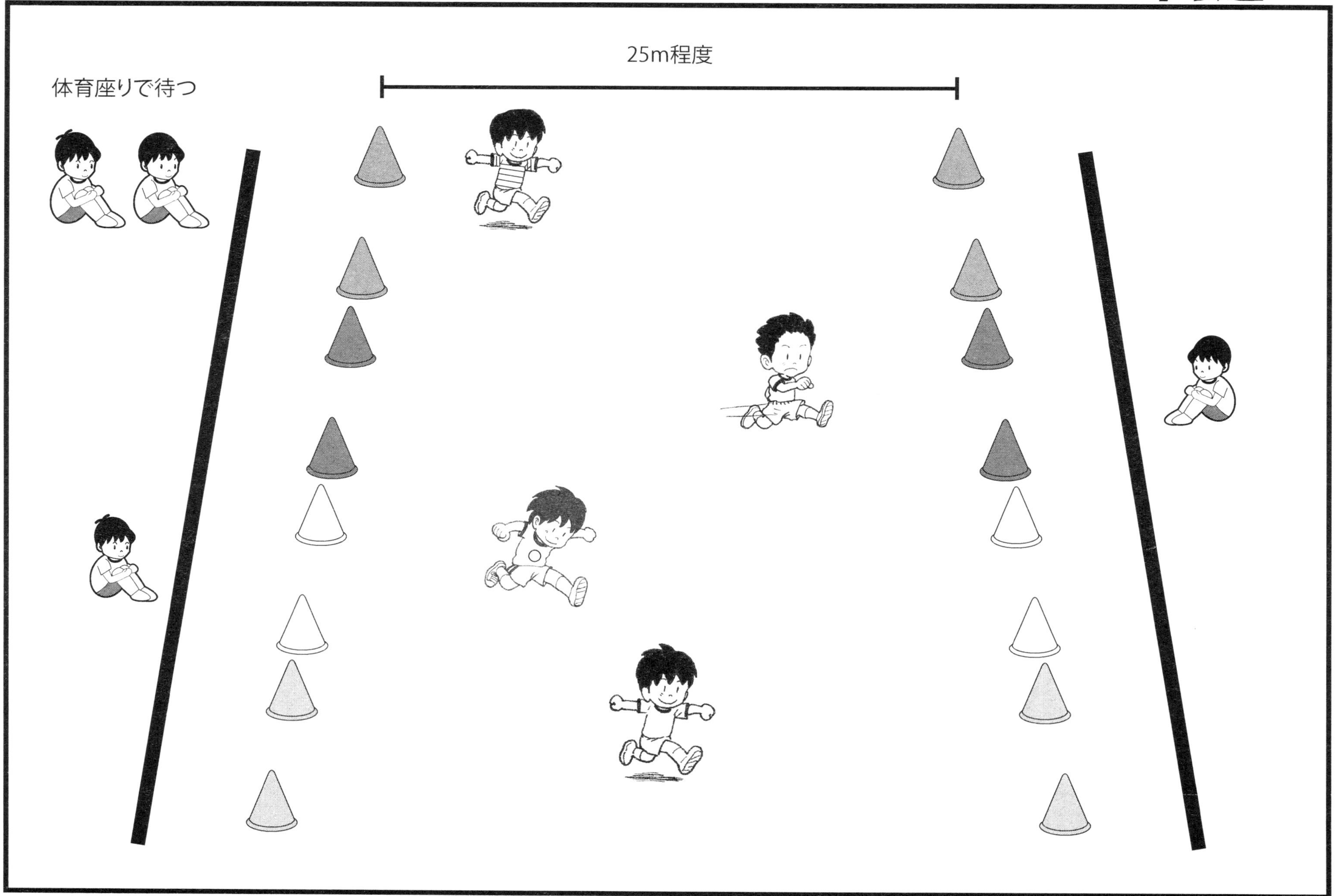

問題 9

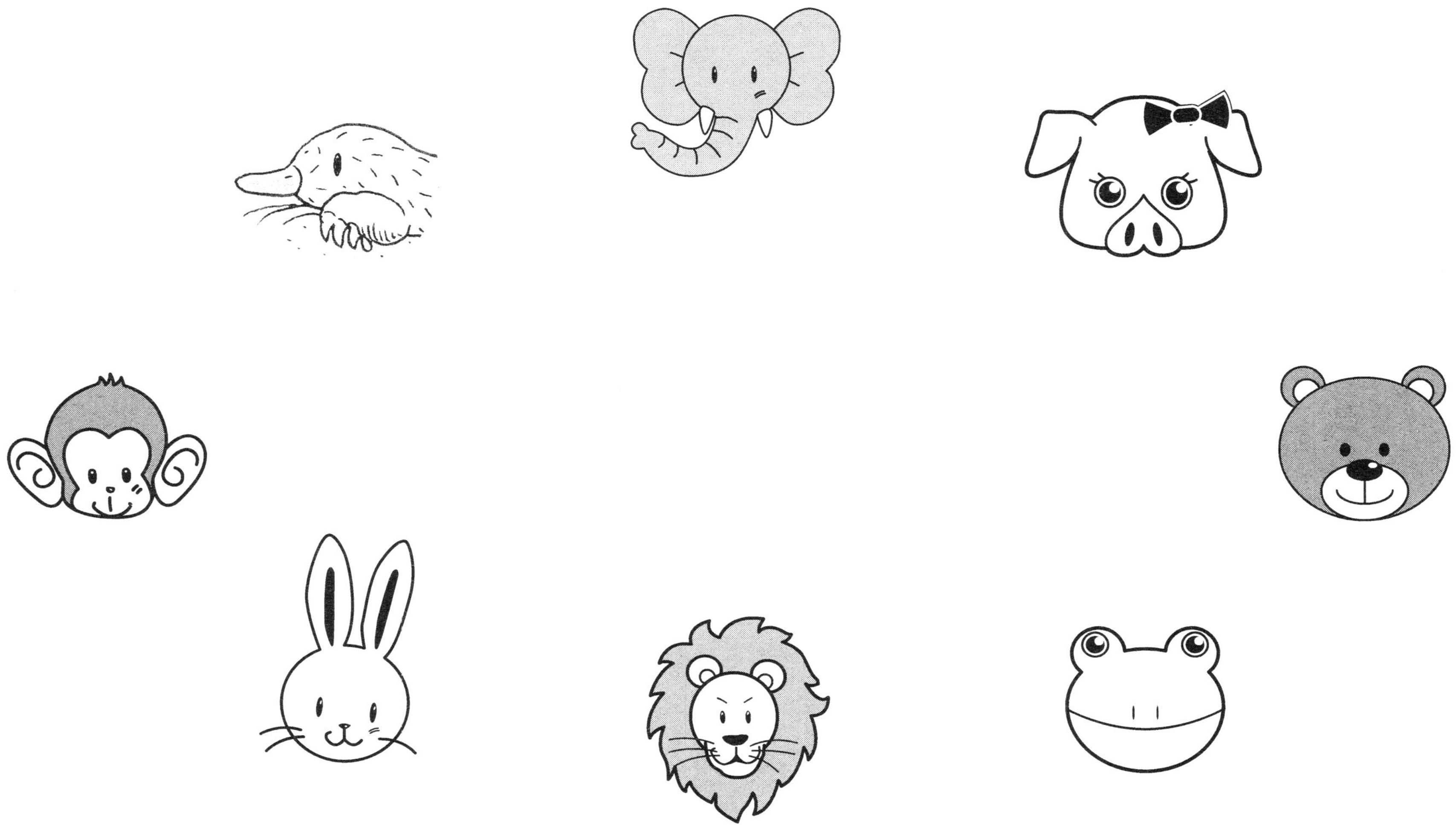

問題10

2021年度版 立教小学校 過去 無断複製/転載を禁ずる

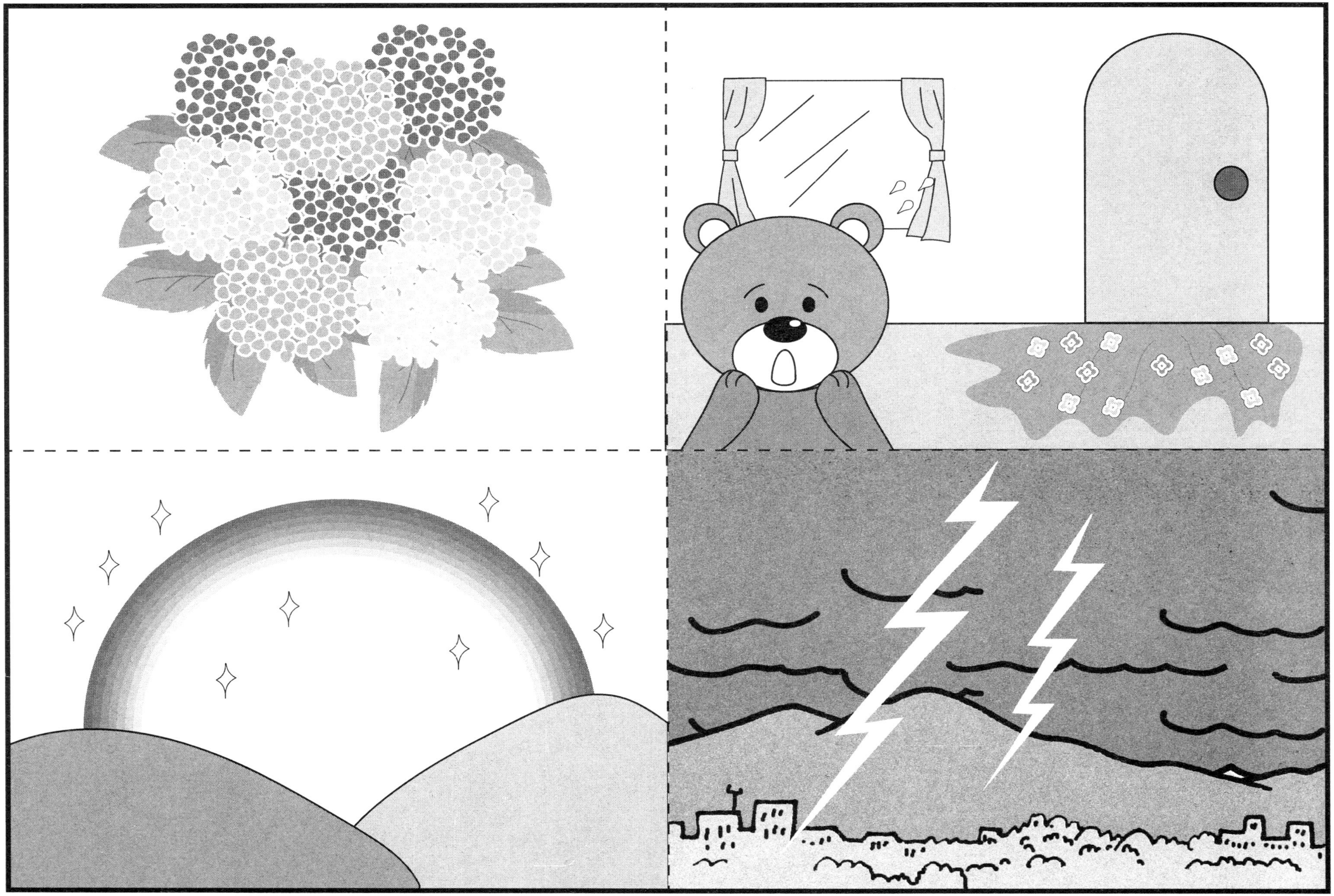

問題１２－１

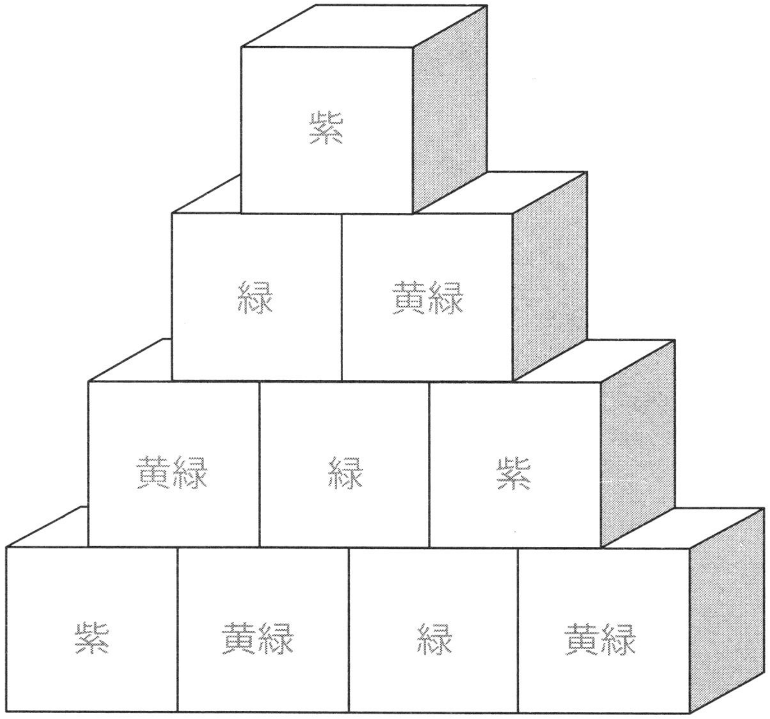

問題12－2

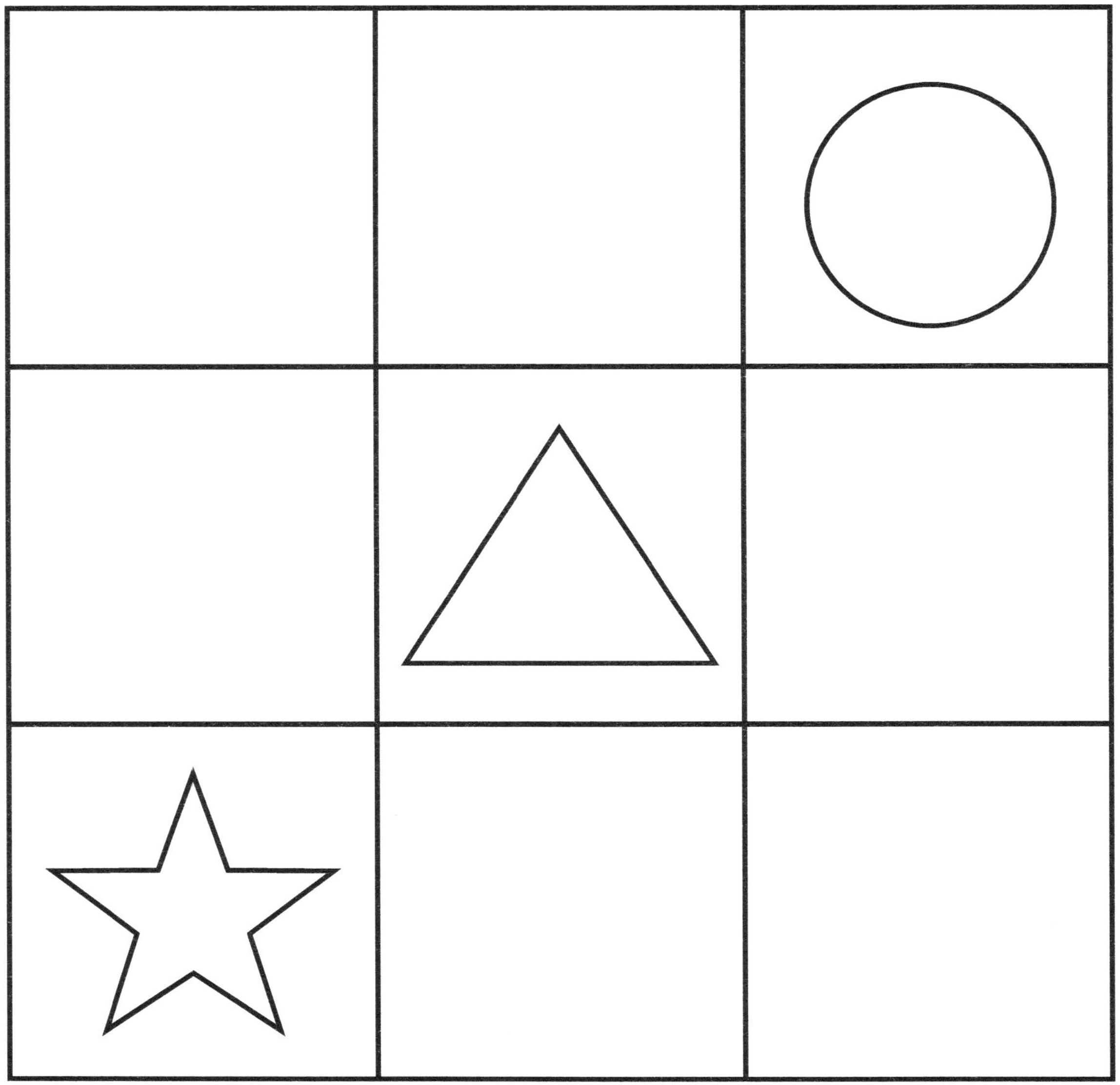

2021年度版　立教小学校　過去　無断複製／転載を禁ずる　　　　　　　　　　日本学習図書株式会社

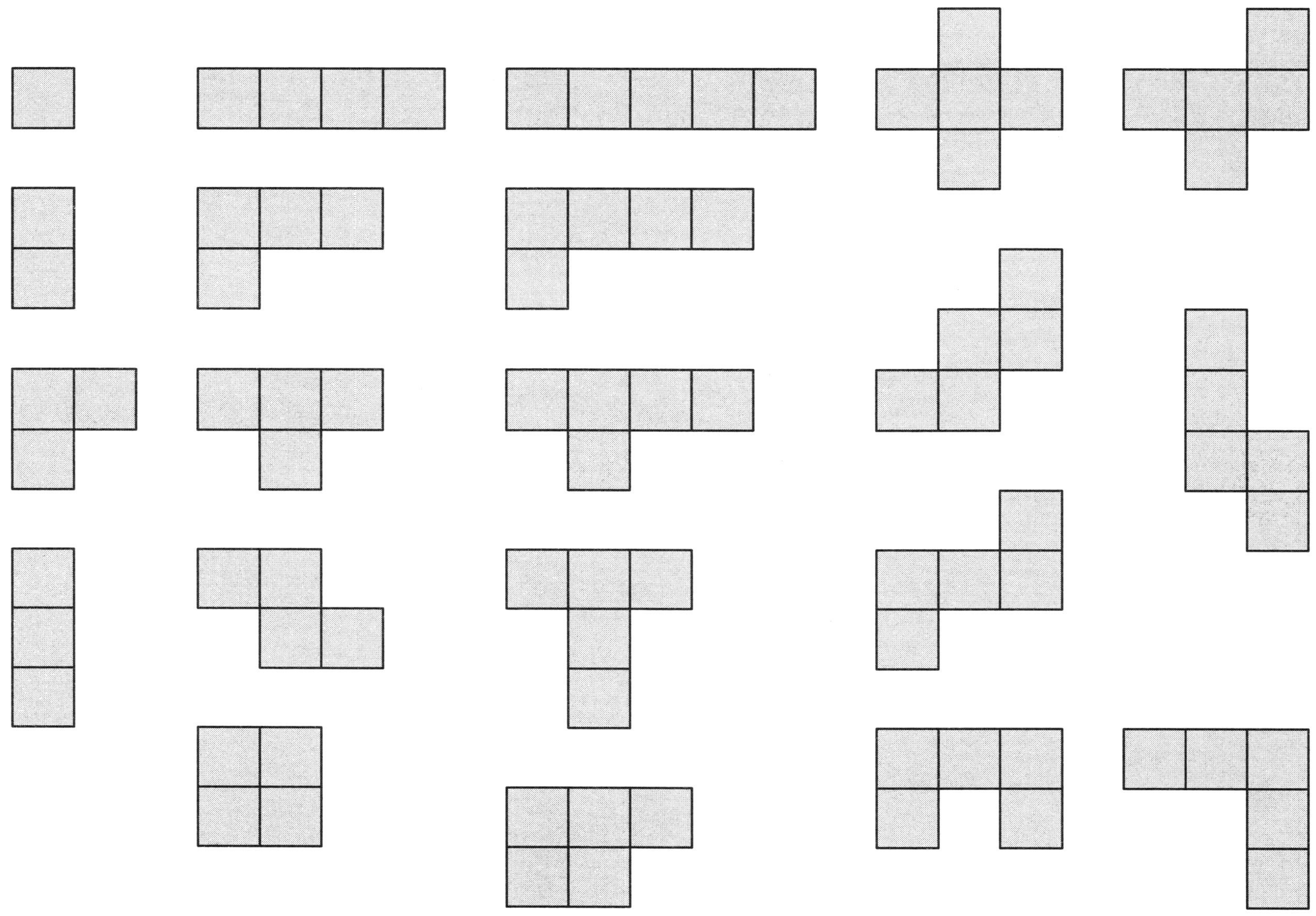

2021年度版 立教小学校 過去 無断複製／転載を禁ずる 日本学習図書株式会社

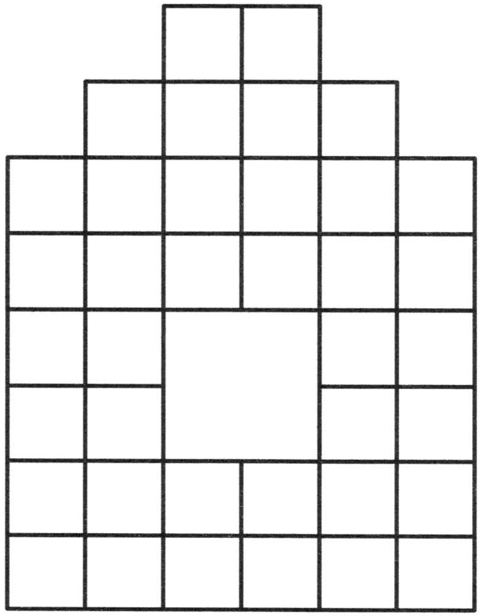

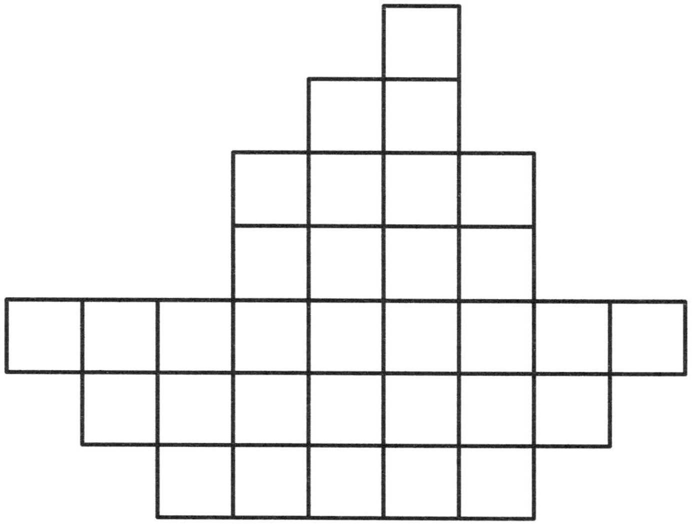

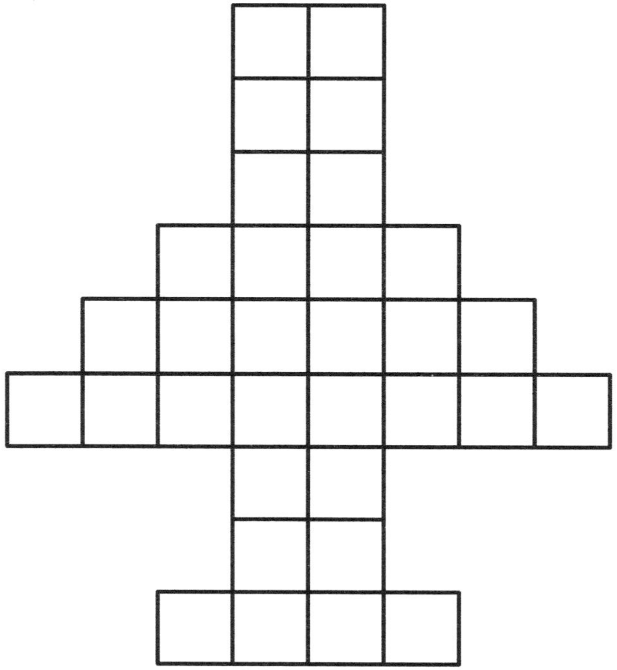

2021年度版 立教小学校 過去 無断複製／転載を禁ずる 日本学習図書株式会社

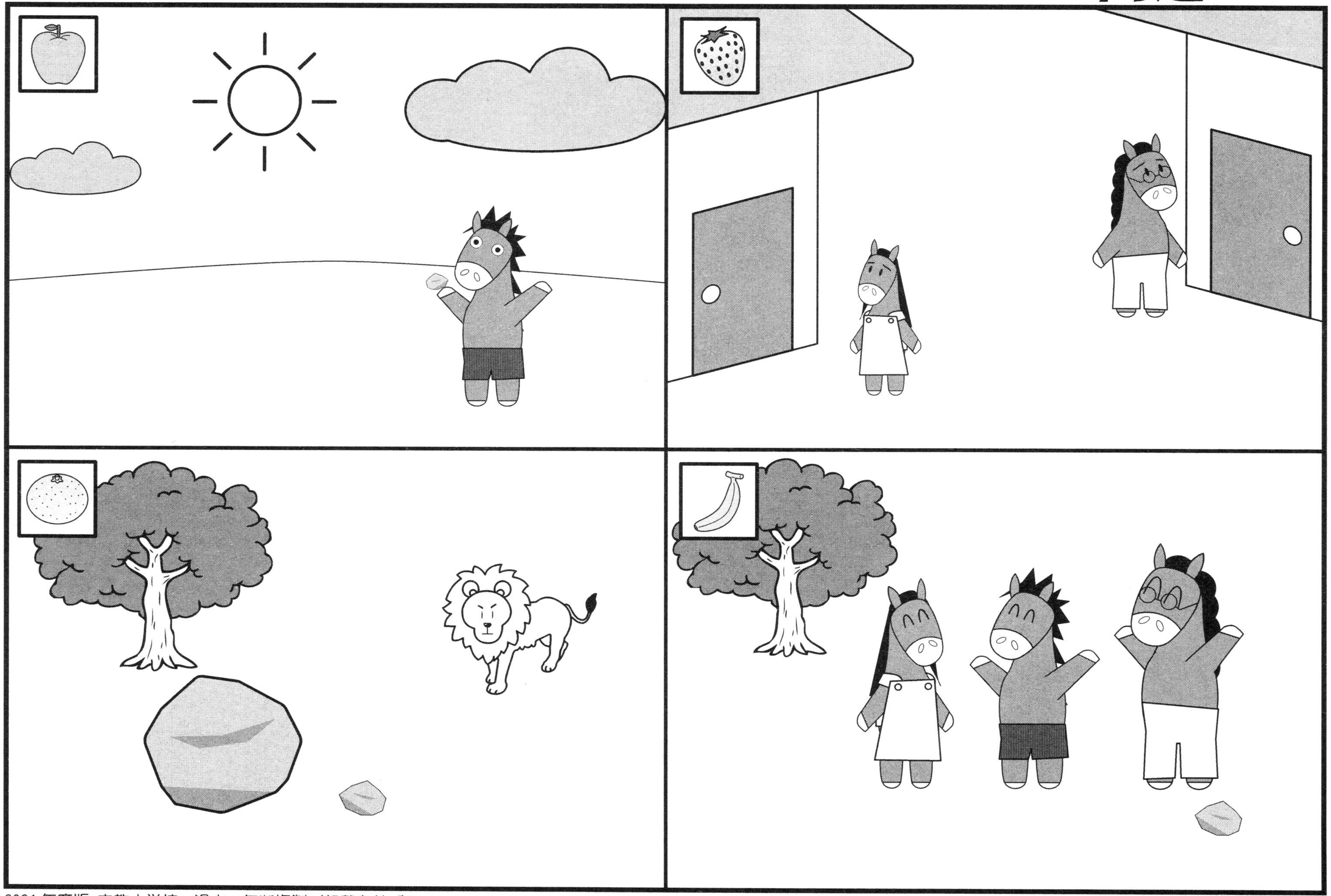

問題１６

黄	黄	赤
オレンジ	オレンジ	黄
赤	オレンジ	青

上

下

問題１７

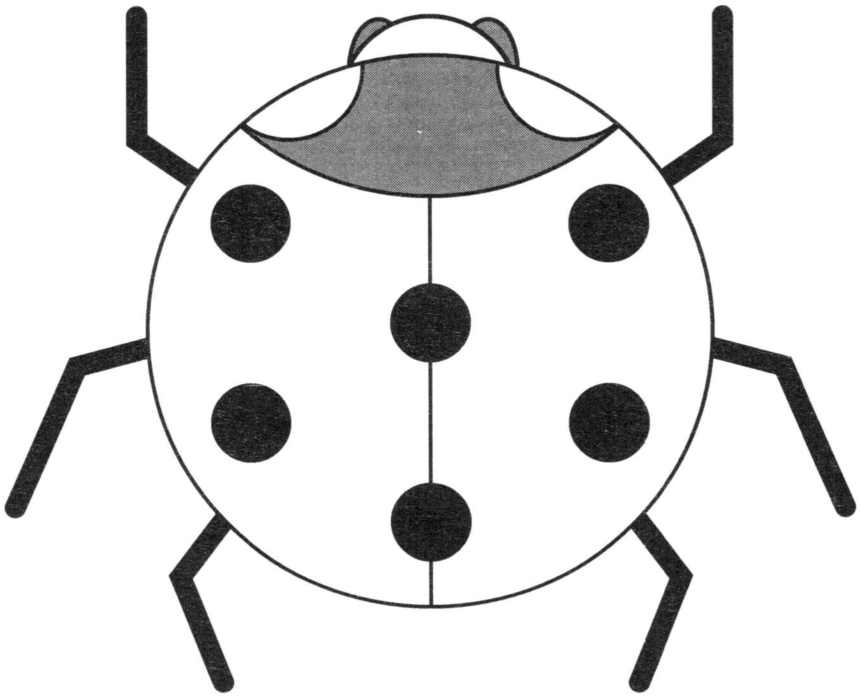

問題18

②

③

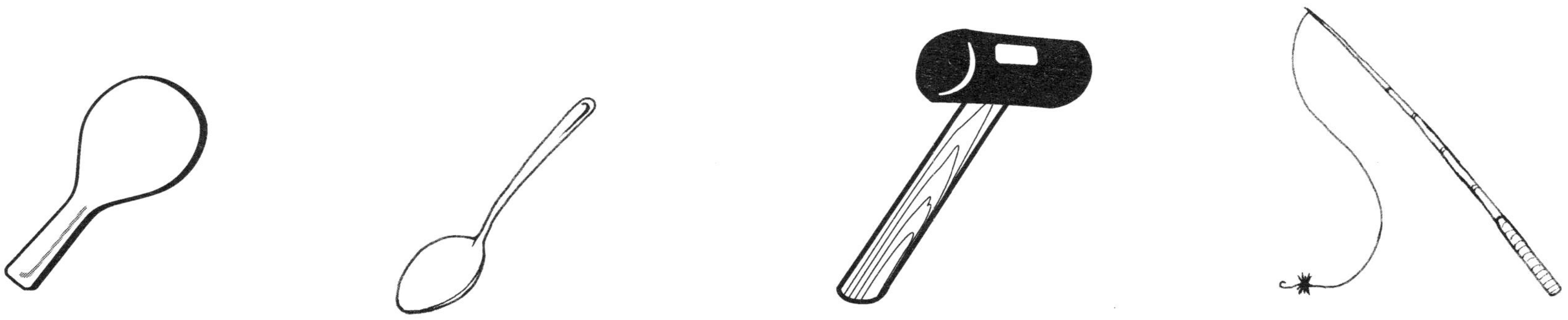

問題19

②

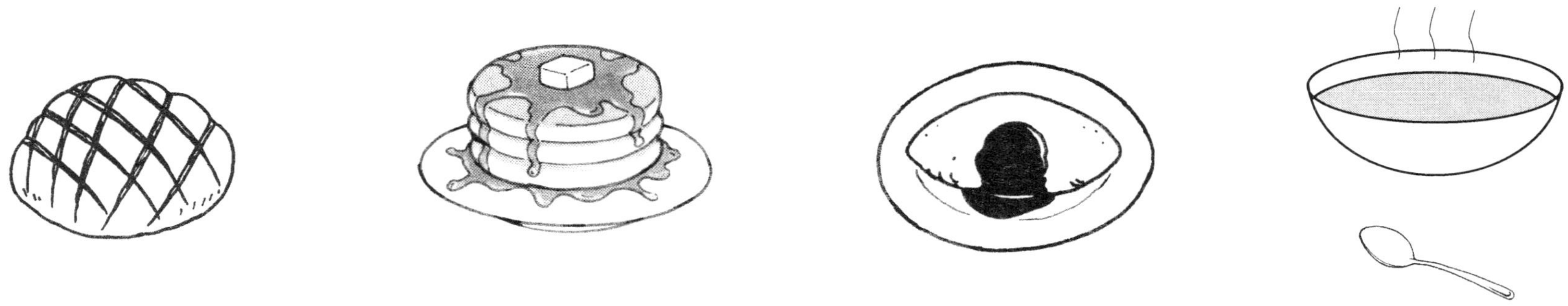

③

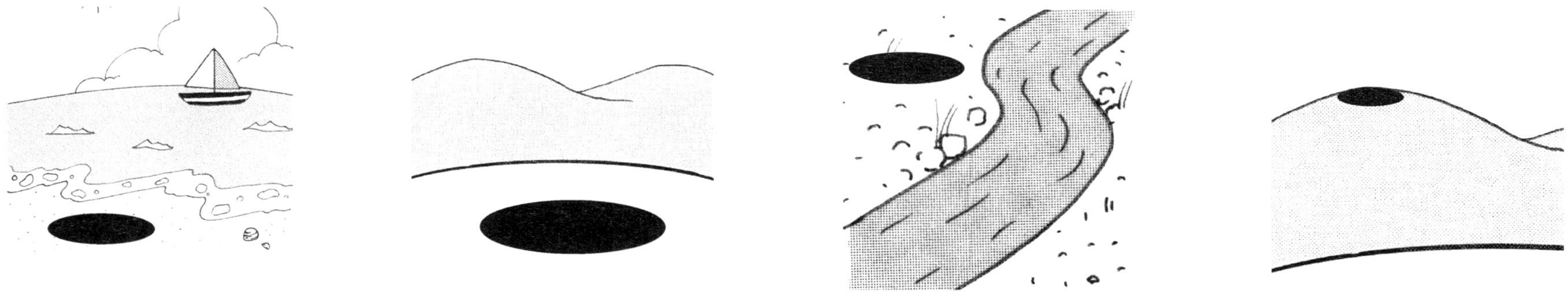

　

日本学習図書株式会社

問題21－1

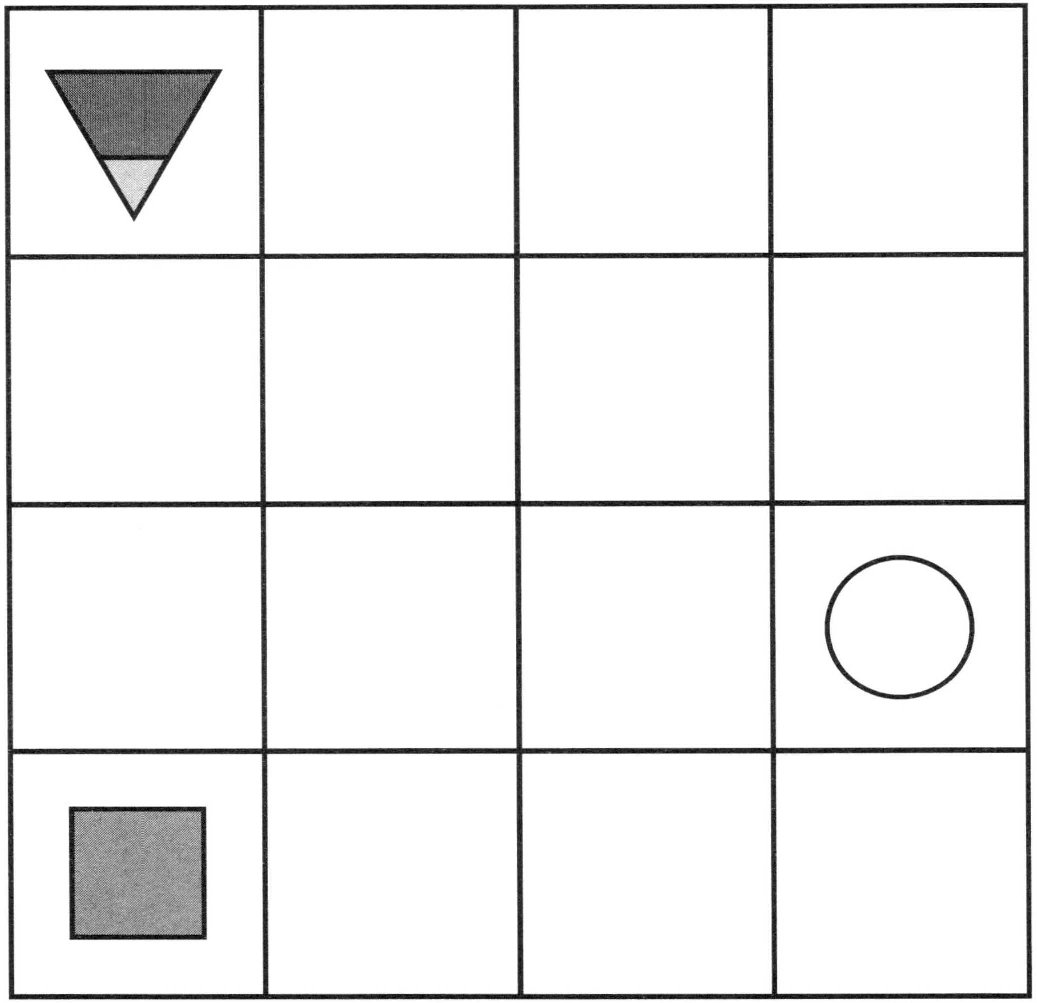

2021年度版　立教小学校　過去　無断複製／転載を禁ずる　日本学習図書株式会社

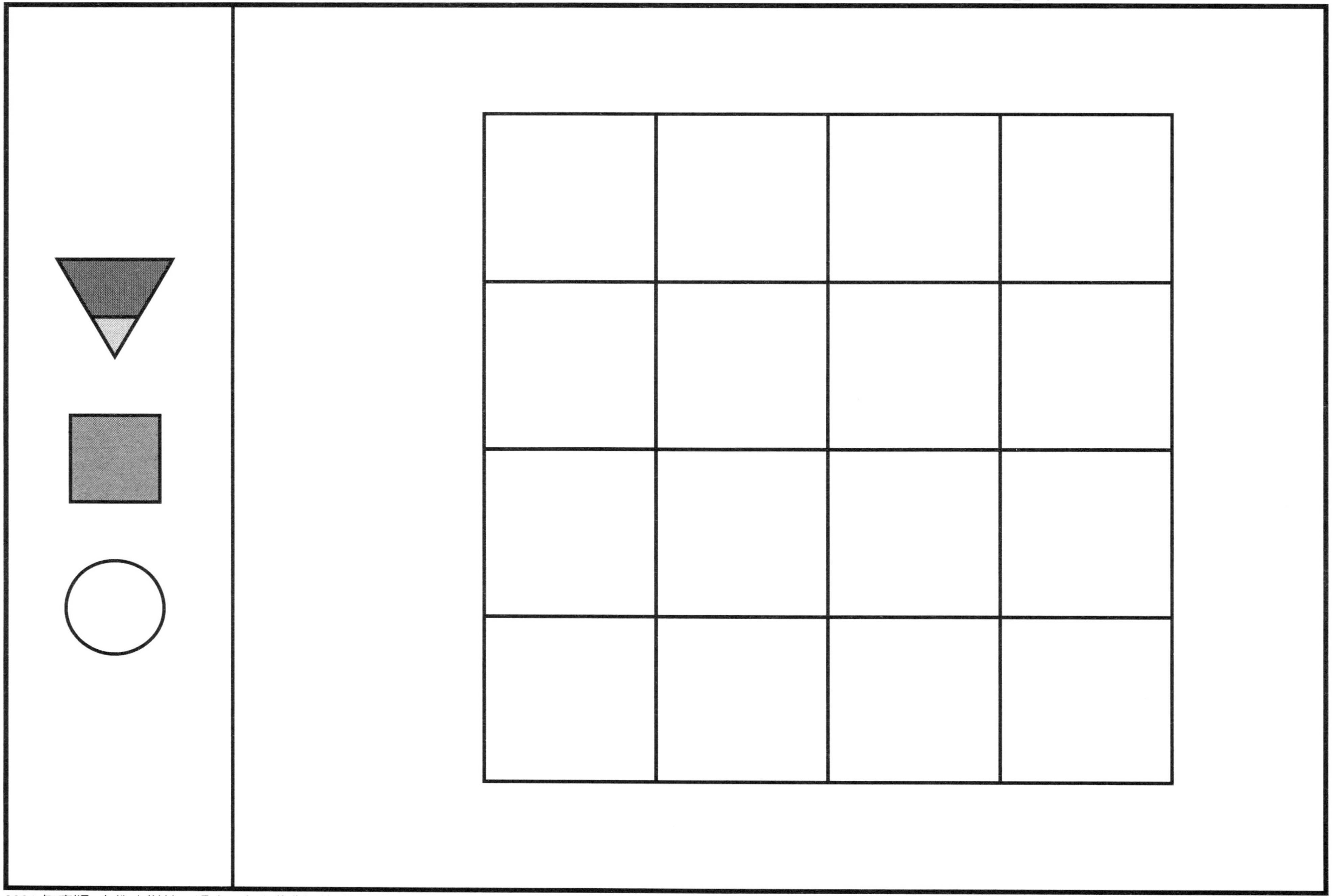

問題22－1

①

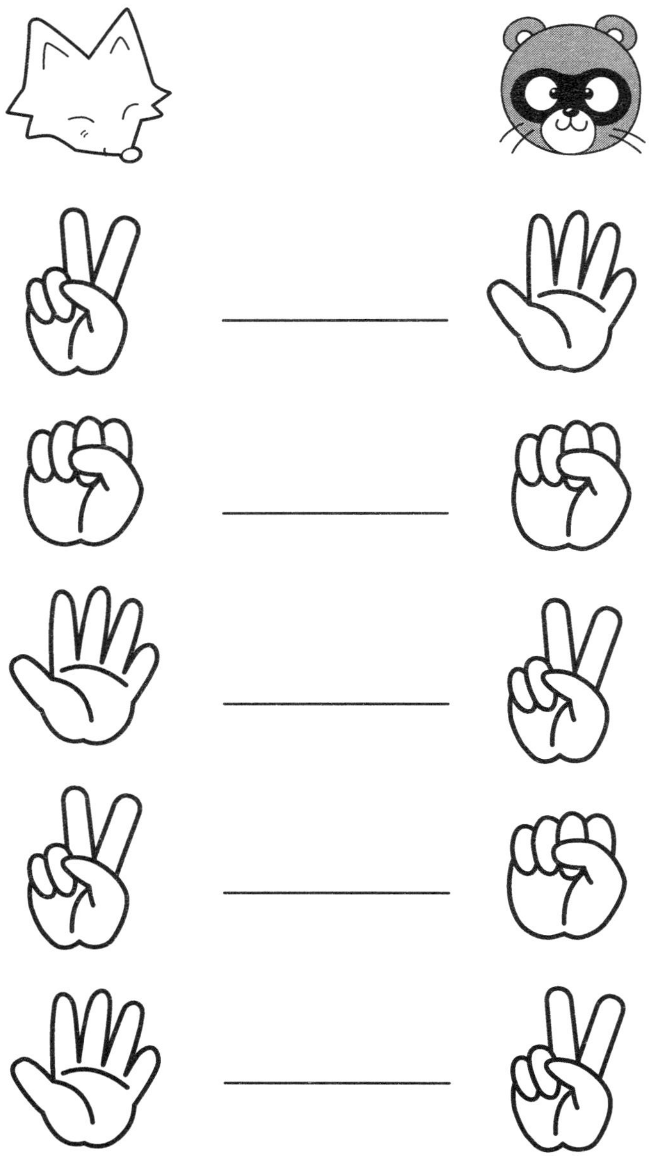

②

2021年度版 立教小学校 過去 無断複製／転載を禁ずる 日本学習図書株式会社

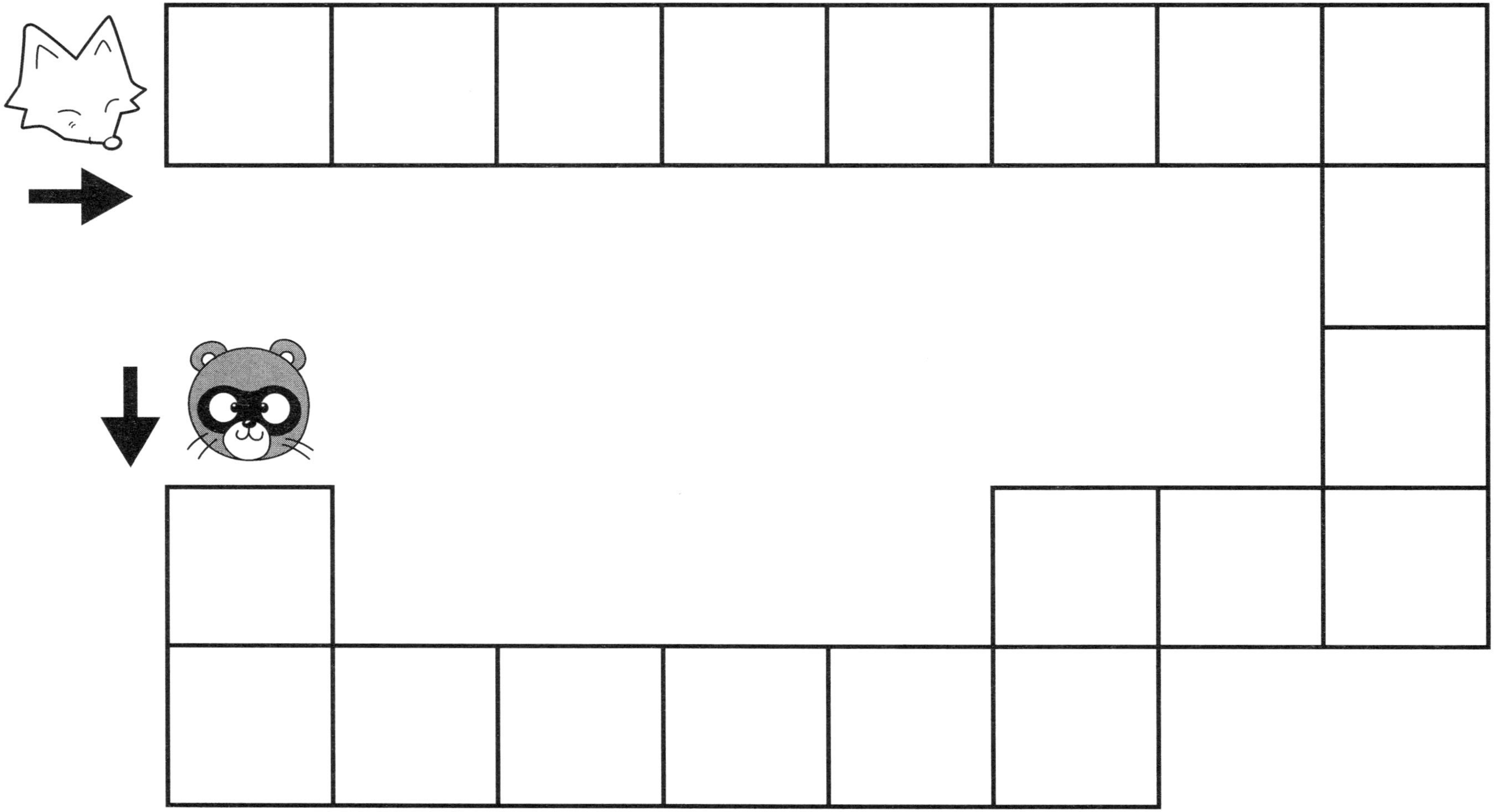

2021 年度版 立教小学校 過去 無断複製／転載を禁ずる 日本学習図書株式会社

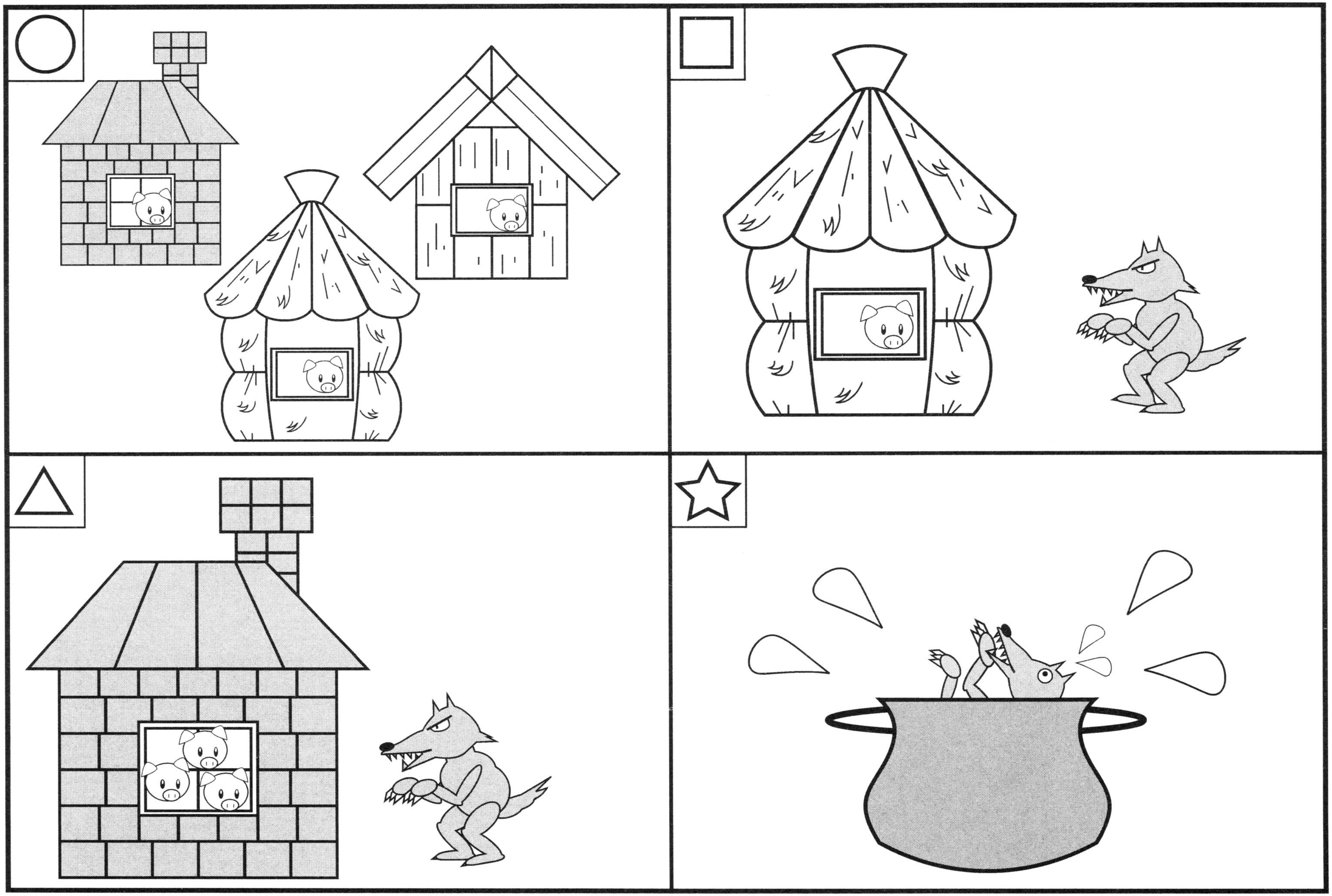

問題２４－２

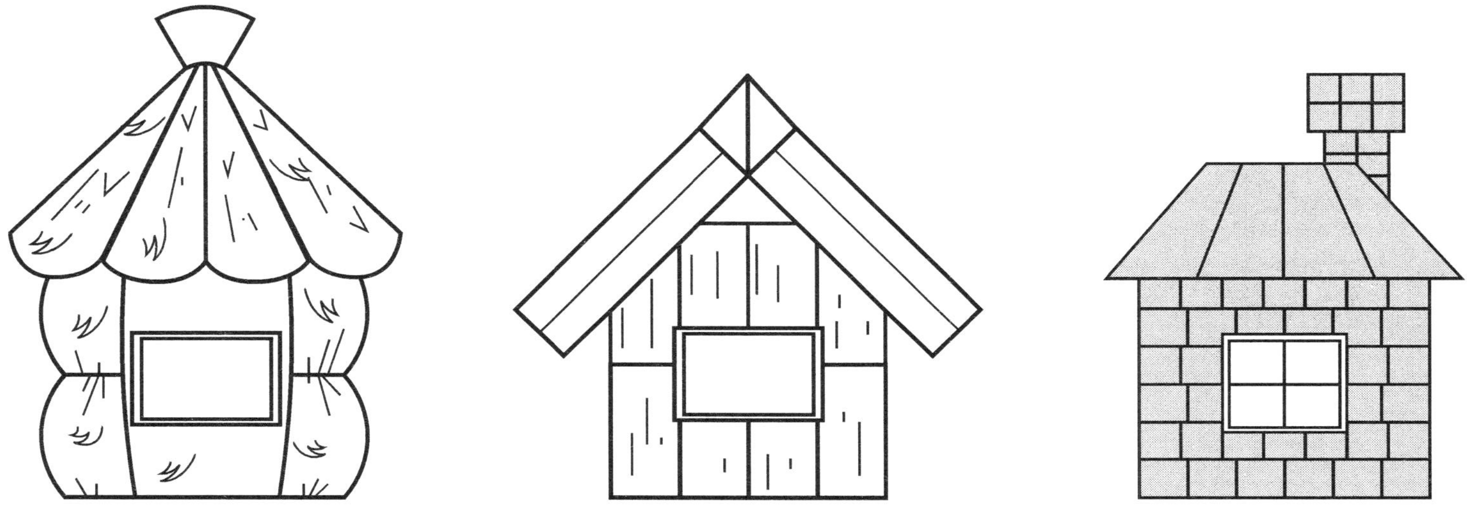

2021年度版 立教小学校 過去 無断複製／転載を禁ずる　日本学習図書株式会社

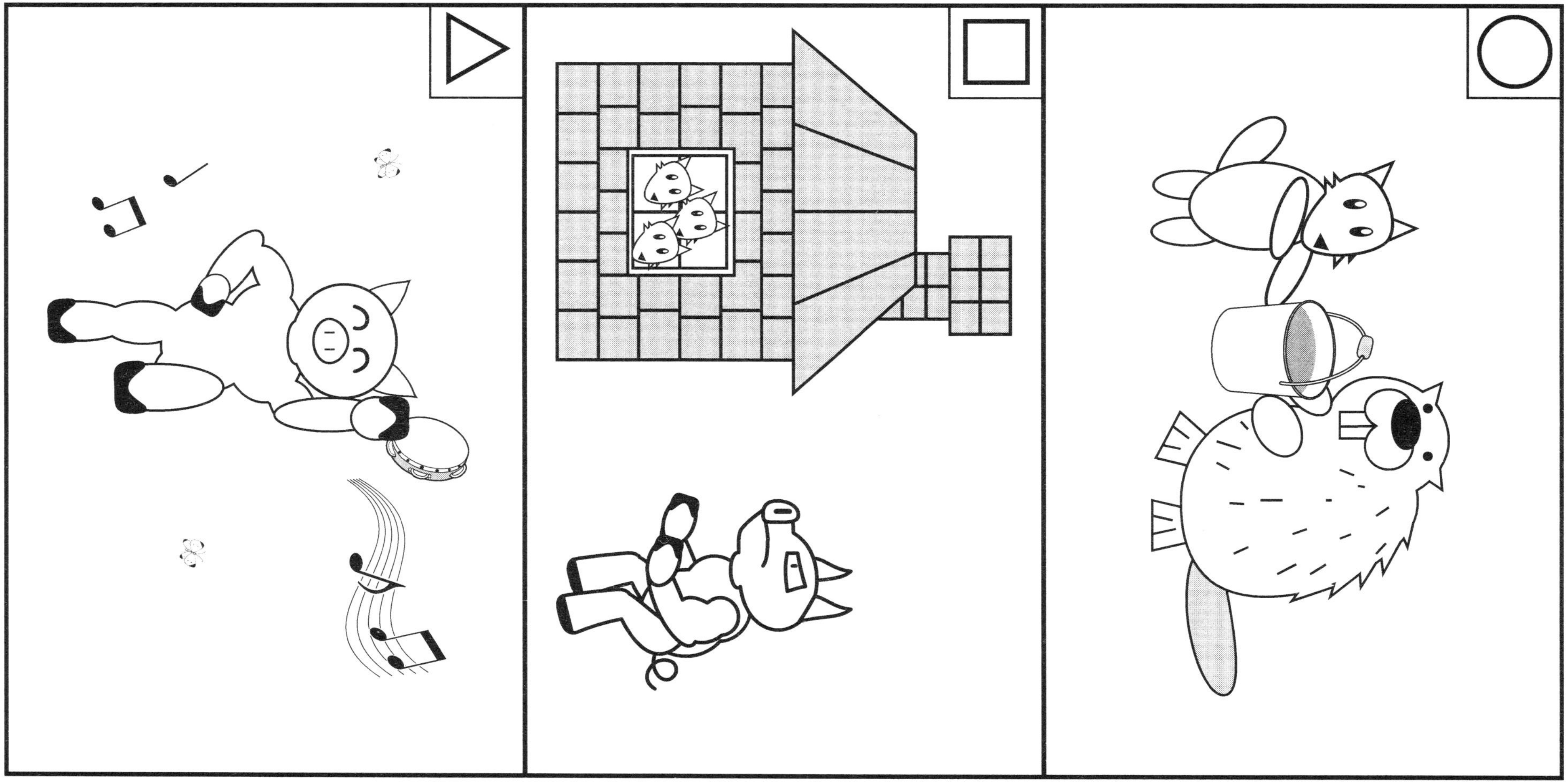

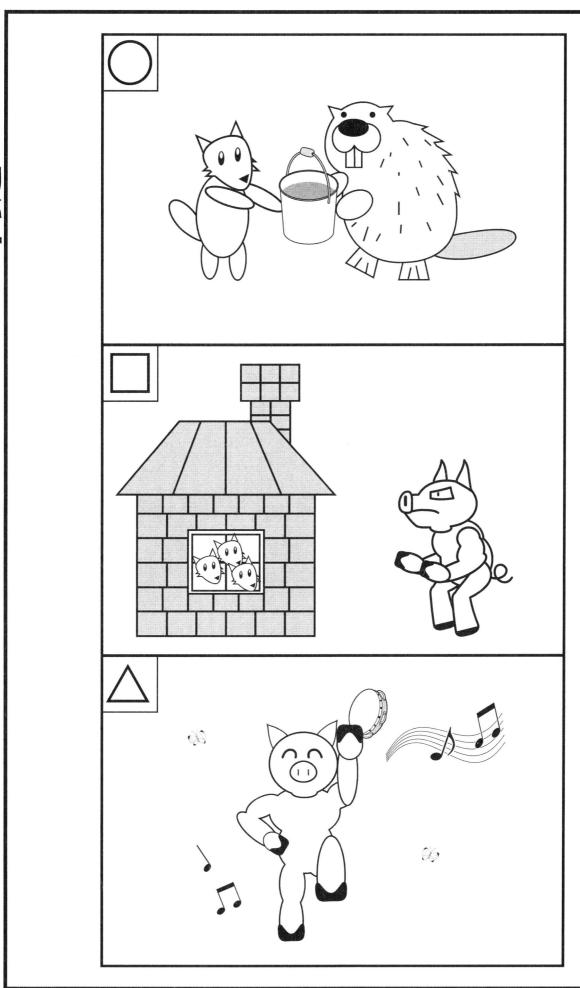

2021年度版 立教小学校 過去 無断複製／転載を禁ずる 日本学習図書株式会社

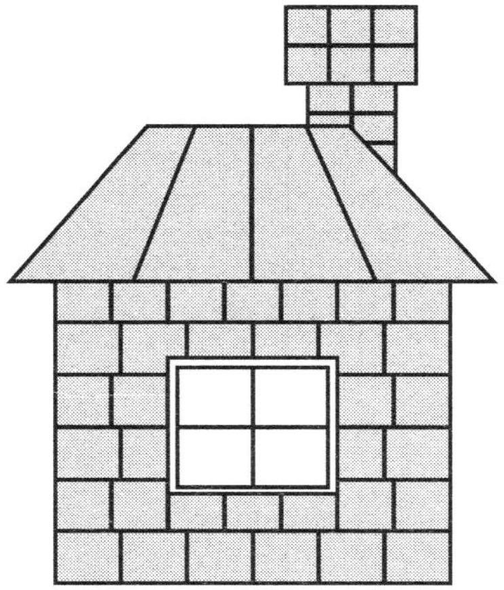

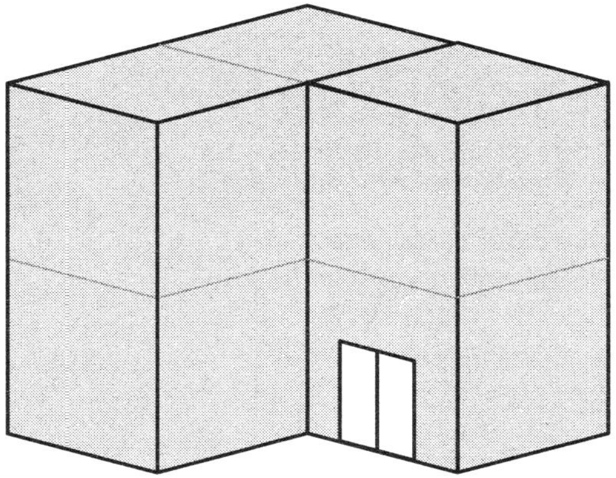

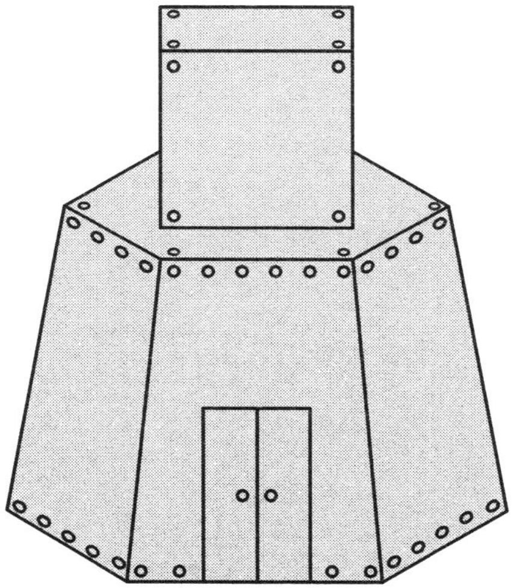

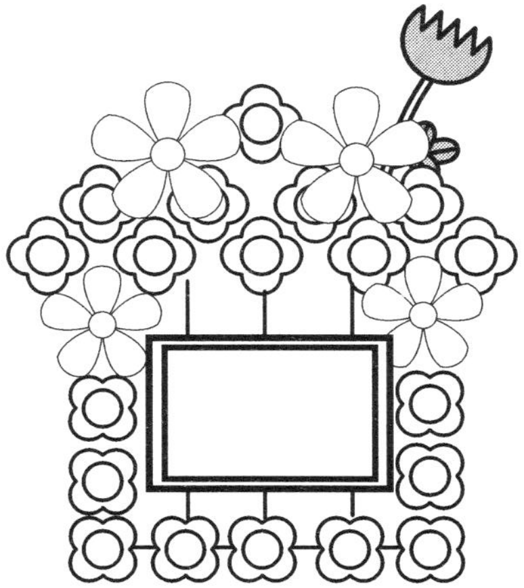

問題２７－１

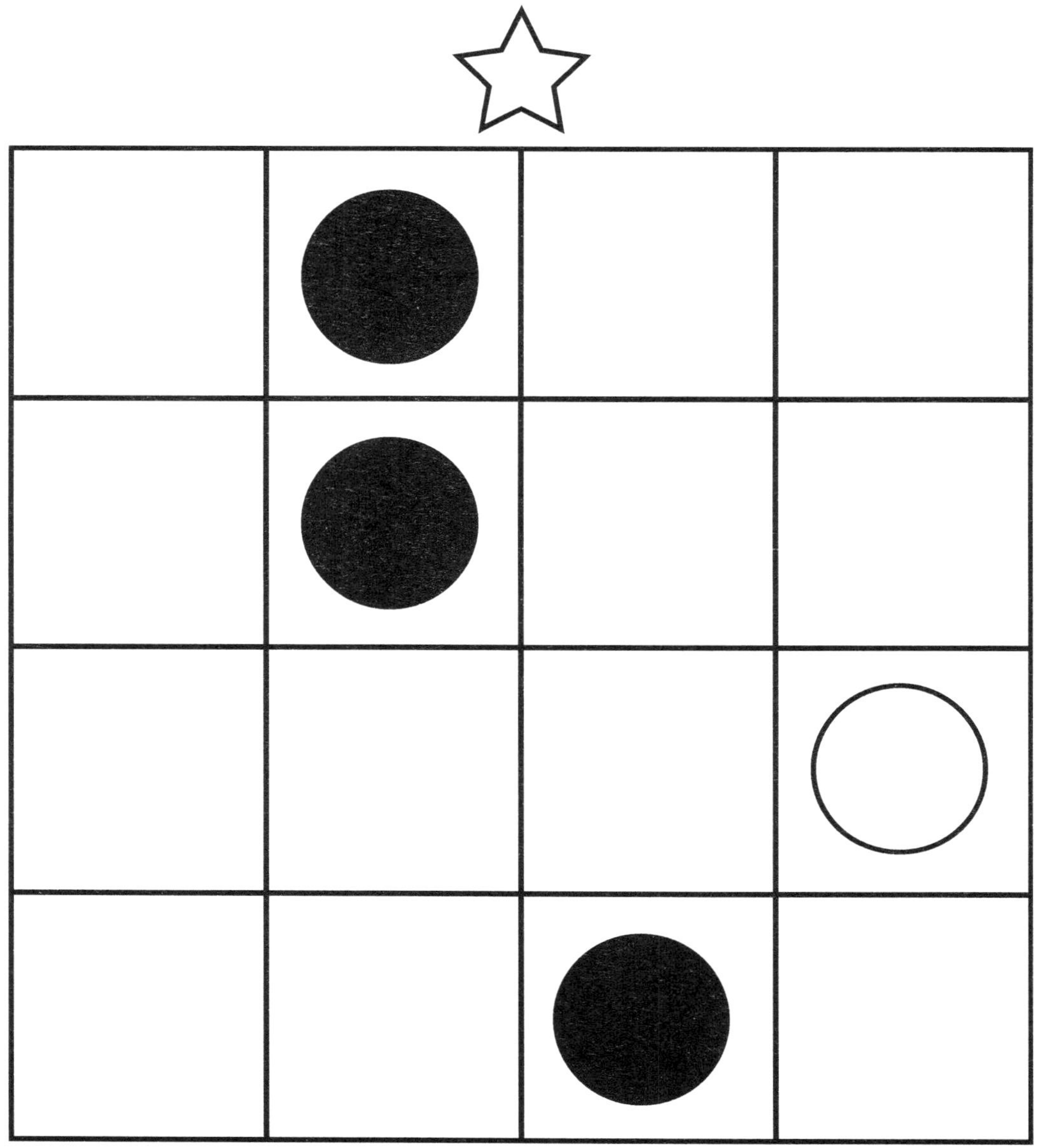

問題２７－２

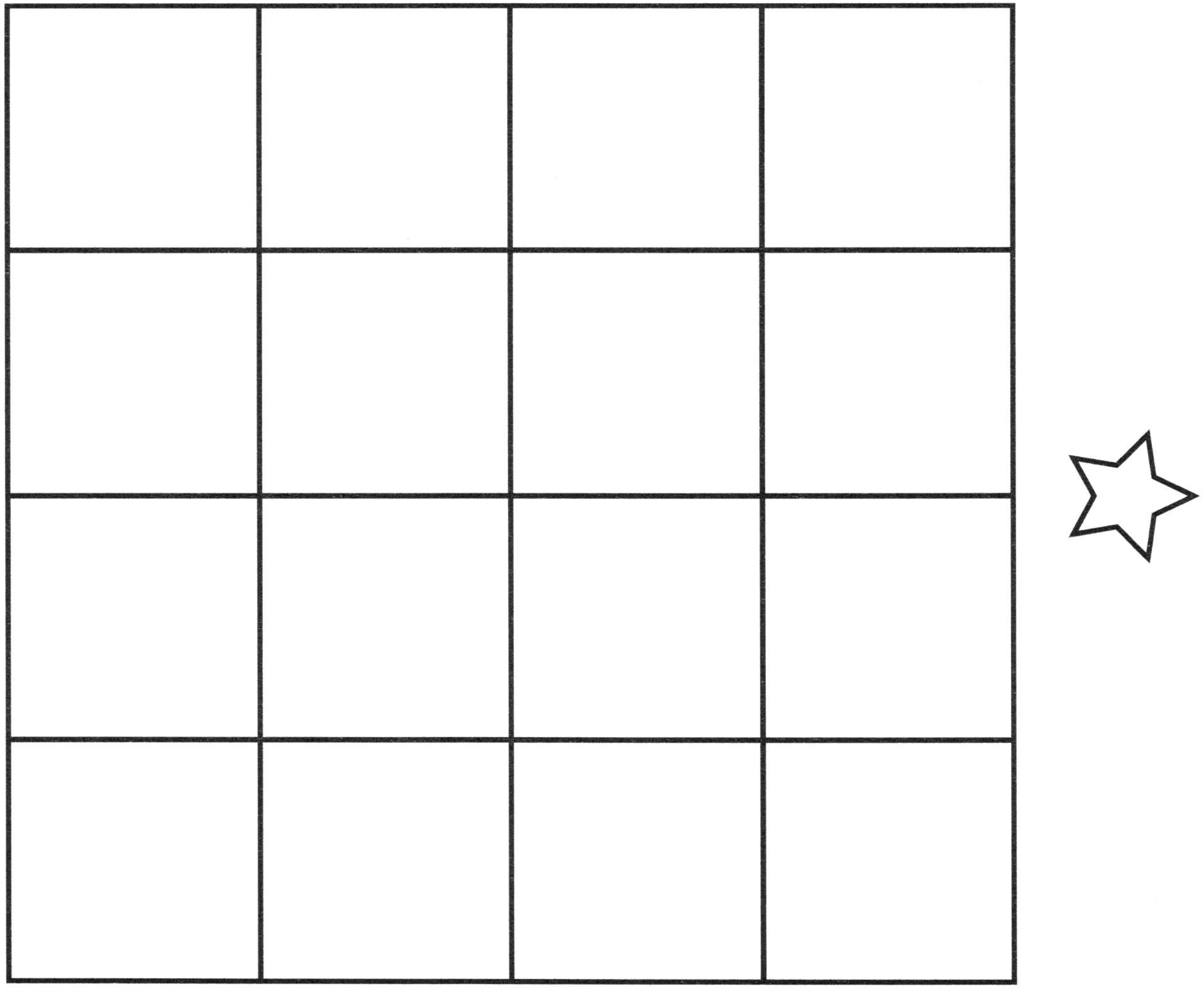

問題２８

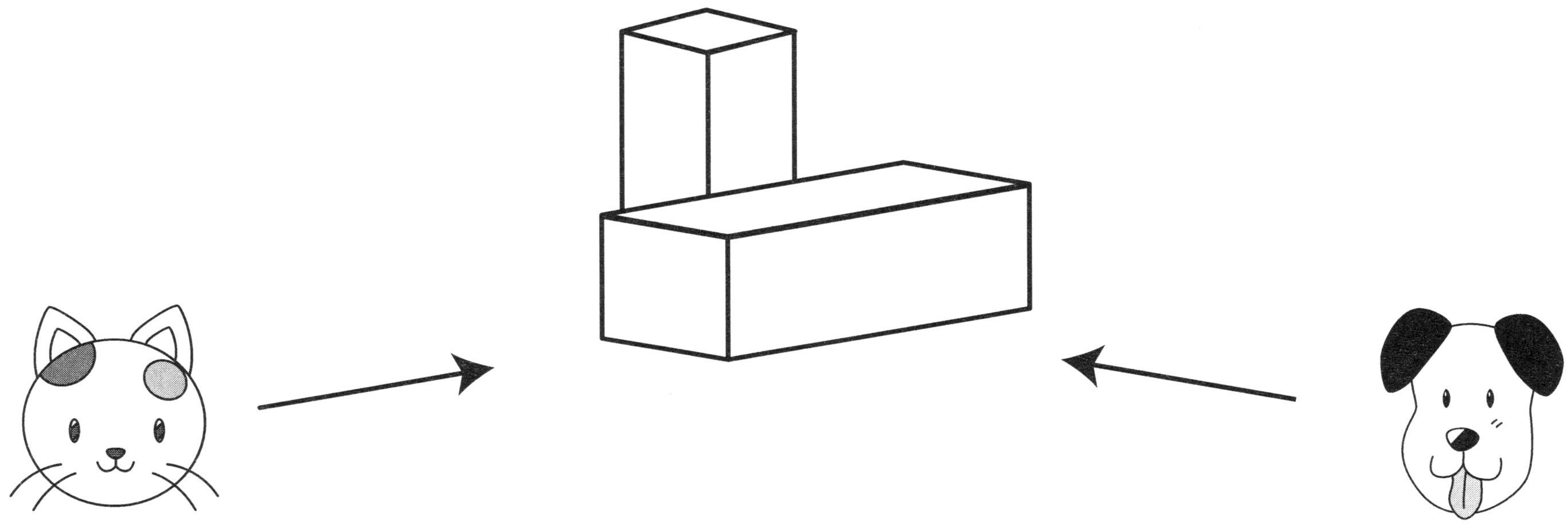

日本学習図書株式会社

問題２９

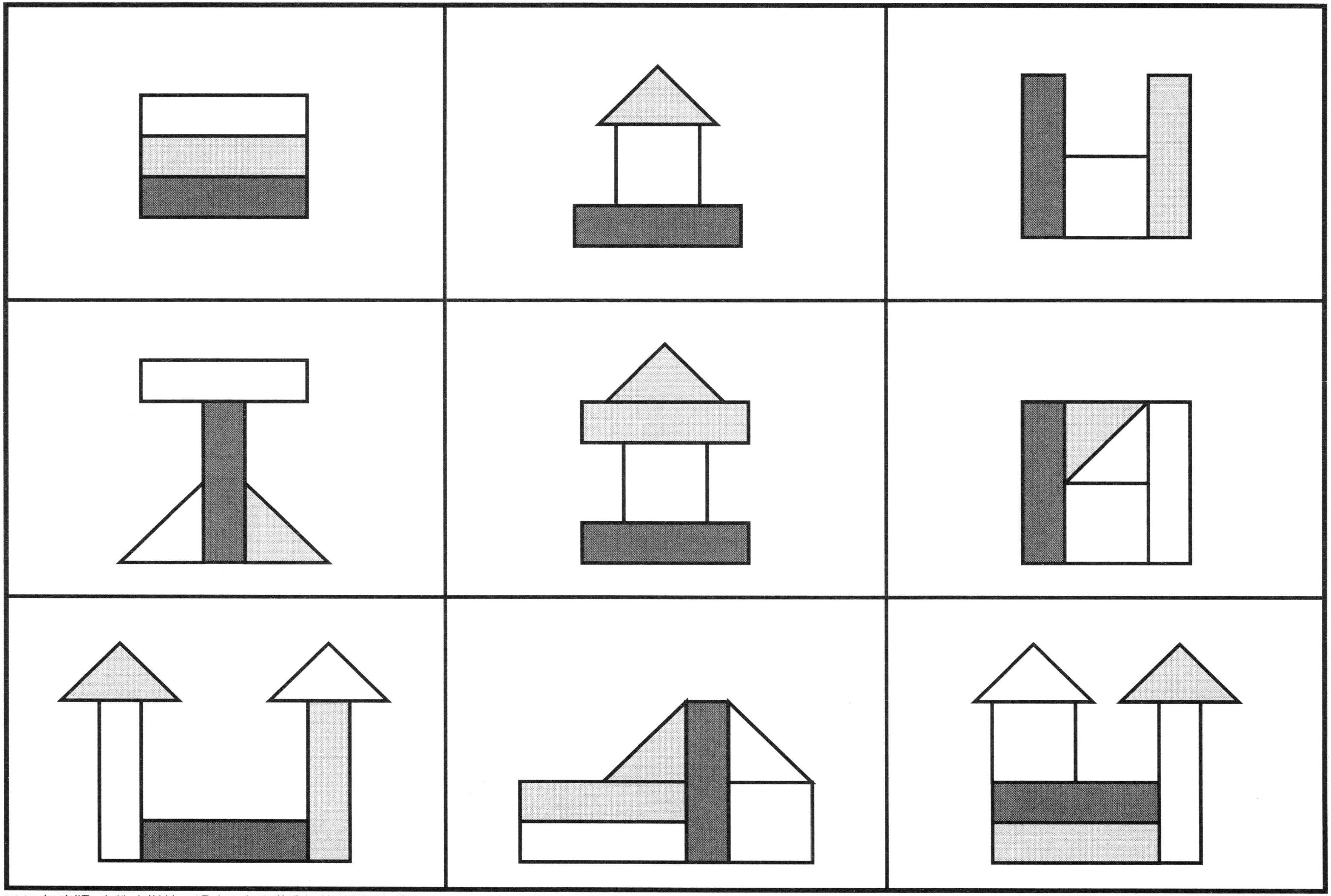

問題３３

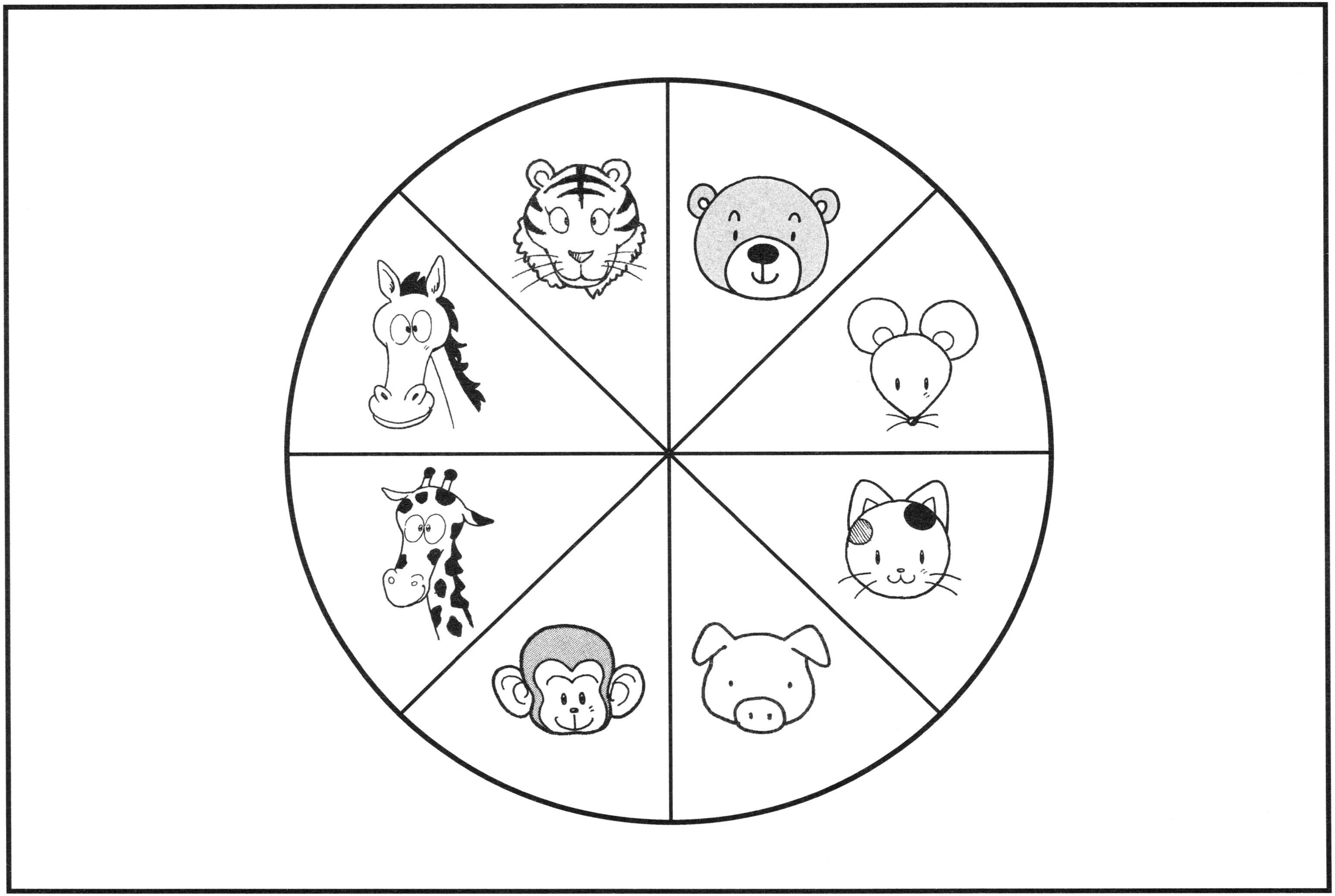

問題３６

問題３７

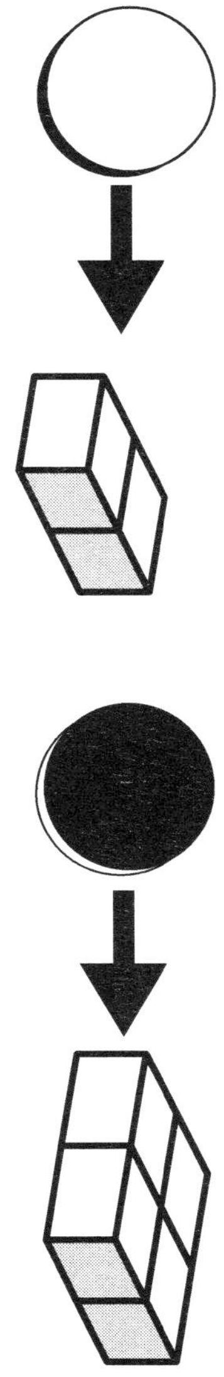

①

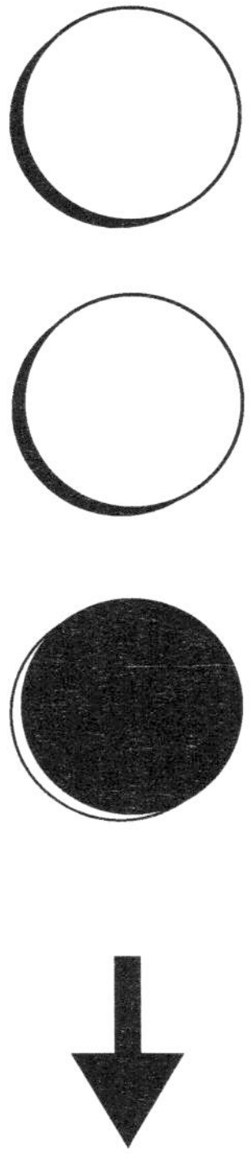

②

問題３８

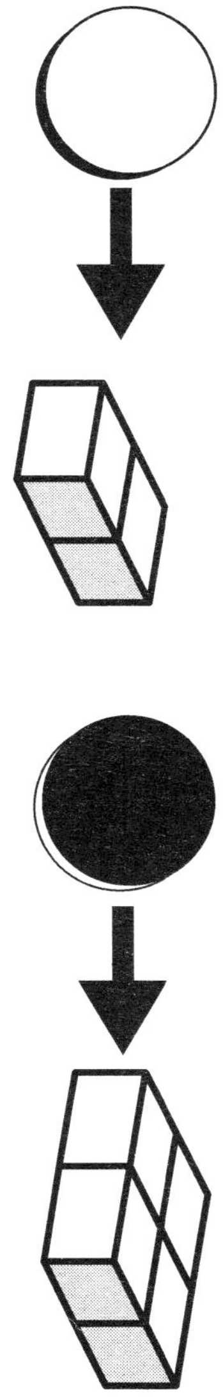

①

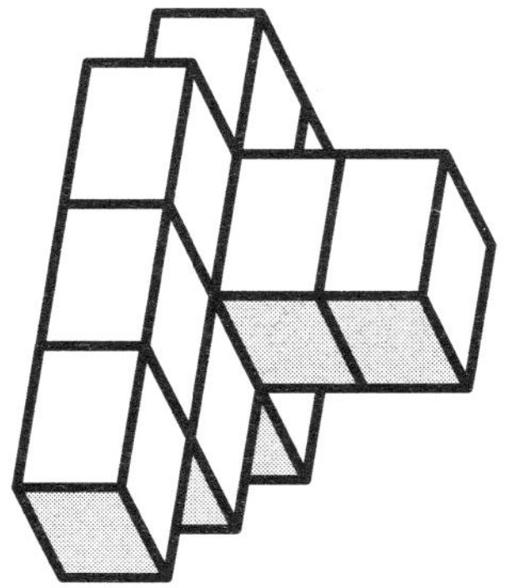

②

2021年度版 立教小学校 過去 無断複製／転載を禁ずる 日本学習図書株式会社

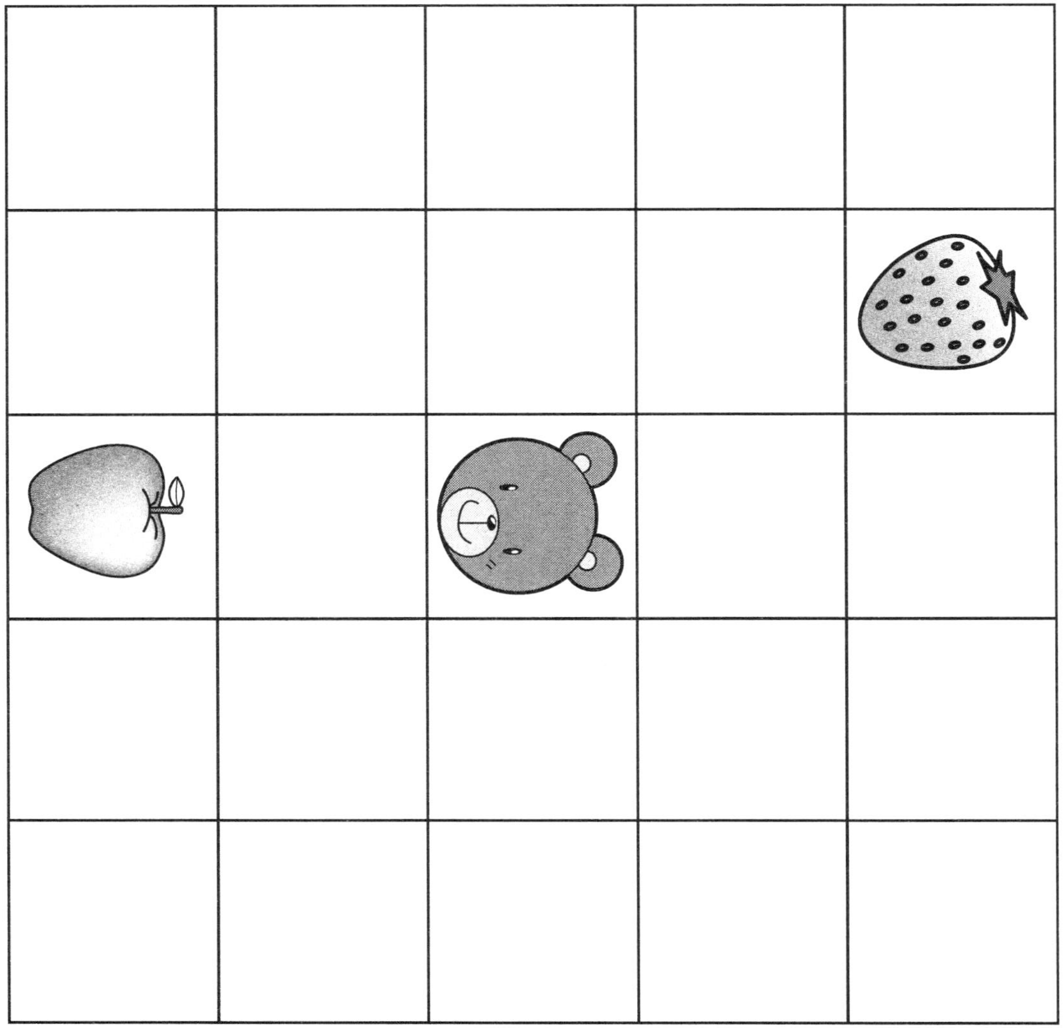

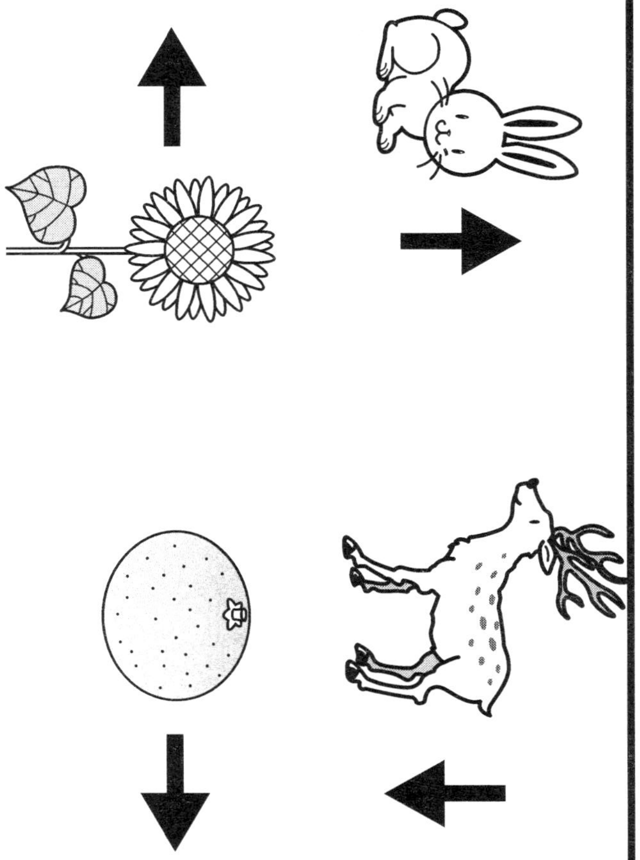

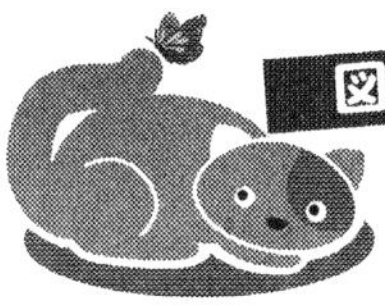

図書カード 1000 円分プレゼント

ご記入日 令和　　年　　月　　日

☆国・私立小学校受験アンケート☆

※可能な範囲でご記入下さい。選択肢は○で囲んで下さい。

〈小学校名〉＿＿＿＿＿＿＿＿＿＿＿＿　〈お子さまの性別〉男・女　〈誕生月〉＿＿月

〈その他の受験校〉（複数回答可）＿＿＿＿＿＿＿＿＿＿＿＿＿＿＿＿＿＿＿＿

〈受験日〉①：＿＿月＿＿日　〈時間〉＿＿時＿＿分　～　＿＿時＿＿分

②：＿＿月＿＿日　〈時間〉＿＿時＿＿分　～　＿＿時＿＿分

〈受験者数〉　男女計＿＿名　（男子＿＿名　女子＿＿名）

〈お子さまの服装〉＿＿＿＿＿＿＿＿＿＿＿＿＿＿＿＿＿＿

〈入試全体の流れ〉（記入例）準備体操→行動観察→ペーパーテスト

＿＿＿＿＿＿＿＿＿＿＿＿＿＿＿＿＿＿＿＿＿＿＿＿＿＿

Eメールによる情報提供

日本学習図書では、Eメールでも入試情報を募集しております。
下記のアドレスに、アンケートの内容をご入力の上、メールをお送り下さい。

ojuken@nichigaku.jp

●行動観察　（例）好きなおもちゃで遊ぶ・グループで協力するゲームなど

〈実施日〉＿＿月＿＿日　〈時間〉＿＿時＿＿分　～　＿＿時＿＿分　〈着替え〉□有　□無

〈出題方法〉　□肉声　□録音　□その他（　　　　　　）　〈お手本〉□有　□無

〈試験形態〉　□個別　□集団（　　　人程度）　〈会場図〉

〈内容〉

□自由遊び

＿＿＿＿＿＿＿＿＿＿＿＿＿＿＿＿＿＿

□グループ活動

＿＿＿＿＿＿＿＿＿＿＿＿＿＿＿＿＿＿

□その他

＿＿＿＿＿＿＿＿＿＿＿＿＿＿＿＿＿＿

●運動テスト（有・無）　（例）跳び箱・チームでの競争など

〈実施日〉＿＿月＿＿日　〈時間〉＿＿時＿＿分　～　＿＿時＿＿分　〈着替え〉□有　□無

〈出題方法〉　□肉声　□録音　□その他（　　　　　　）　〈お手本〉□有　□無

〈試験形態〉　□個別　□集団（　　　人程度）　〈会場図〉

〈内容〉

□サーキット運動

□走り　□跳び箱　□平均台　□ゴム跳び

□マット運動　□ボール運動　□なわ跳び

□クマ歩き

□グループ活動＿＿＿＿＿＿＿＿＿＿＿＿＿＿

□その他＿＿＿＿＿＿＿＿＿＿＿＿＿＿＿＿

●知能テスト・口頭試問

〈実施日〉＿＿月＿＿日〈時間〉＿＿時＿＿分 ～ ＿＿時＿＿分〈お手本〉□有 □無

〈出題方法〉□肉声 □録音 □その他（　　　　　　）〈問題数〉＿＿枚 ＿＿問

分野	方法	内　容	詳　細・イ　ラ　ス　ト
（例） お話の記憶	☑筆記 □口頭	動物たちが待ち合わせをする話	（あらすじ） 動物たちが待ち合わせをした。最初にウサギさんが来た。次にイヌくんが、その次にネコさんが来た。最後にタヌキくんが来た。 （問題・イラスト） ３番目に来た動物は誰か 
お話の記憶	□筆記 □口頭		（あらすじ） （問題・イラスト）
図形	□筆記 □口頭		
言語	□筆記 □口頭		
常識	□筆記 □口頭		
数量	□筆記 □口頭		
推理	□筆記 □口頭		
その他	□筆記 □口頭		

●制作　（例）ぬり絵・お絵かき・工作遊びなど

〈実施日〉＿月＿日〈時間〉＿時＿分～＿時＿分

〈出題方法〉□肉声　□録音　□その他（　　　　　）〈お手本〉□有　□無

〈試験形態〉□個別　□集団（　　　人程度）

材料・道具	制作内容
□ハサミ □のり（□つぼ □液体 □スティック） □セロハンテープ □鉛筆 □クレヨン（　色） □クーピーペン（　色） □サインペン（　色）□ □画用紙（□ A4 □ B4 □ A3 □その他：　　　　） □折り紙 □新聞紙 □粘土 □その他（　　　　　）	□切る　□貼る　□塗る　□ちぎる　□結ぶ　□描く　□その他（　　　　　） タイトル：＿＿＿＿＿＿＿＿

●面接

〈実施日〉＿月＿日〈時間〉＿時＿分～＿時＿分〈面接担当者〉＿名

〈試験形態〉□志願者のみ（　　）名　□保護者のみ　□親子同時　□親子別々

〈質問内容〉

□志望動機　□お子さまの様子

□家庭の教育方針

□志望校についての知識・理解

□その他（　　　　　　　　　）

（詳　細）

・

・

・

・

※試験会場の様子をご記入下さい。

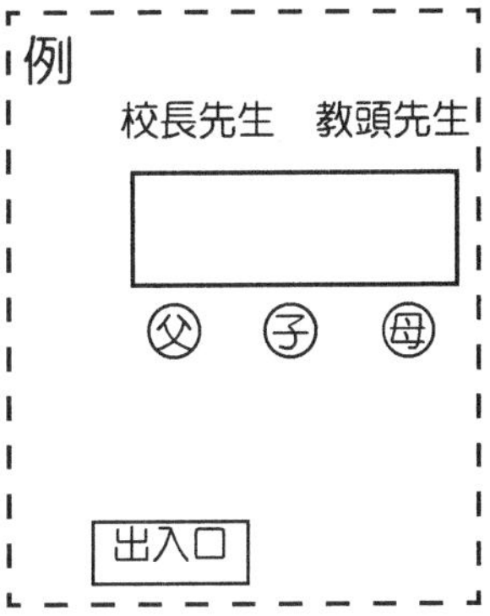

●保護者作文・アンケートの提出（有・無）

〈提出日〉□面接直前　□出願時　□志願者考査中　□その他（　　　　　　　）

〈下書き〉□有　□無

〈アンケート内容〉

（記入例）当校を志望した理由はなんですか（150 字）

●説明会（□有　□無）〈開催日〉＿＿月＿＿日〈時間〉＿＿時＿＿分〜＿＿時＿＿分

〈上履き〉□要　□不要〈願書配布〉□有　□無〈校舎見学〉□有　□無

〈ご感想〉

●参加された学校行事（複数回答可）

公開授業〈開催日〉＿＿月＿＿日〈時間〉＿＿時＿＿分〜＿＿時＿＿分

運動会など〈開催日〉＿＿月＿＿日〈時間〉＿＿時＿＿分〜＿＿時＿＿分

学習発表会・音楽会など〈開催日〉＿＿月＿＿日〈時間〉＿＿時＿＿分〜＿＿時＿＿分

〈ご感想〉

※是非参加したほうがよいと感じた行事について

●受験を終えてのご感想、今後受験される方へのアドバイス

※対策学習（重点的に学習しておいた方がよい分野）、当日準備しておいたほうがよい物など

＊＊＊＊＊＊＊＊＊＊＊＊　ご記入ありがとうございました　＊＊＊＊＊＊＊＊＊＊＊＊

必要事項をご記入の上、ポストにご投函ください。

なお、本アンケートの送付期限は入試終了後３ヶ月とさせていただきます。また、入試に関する情報の記入量が当社の基準に満たない場合、謝礼の送付ができないことがございます。あらかじめご了承ください。

ご住所：〒＿＿＿＿＿＿＿＿＿＿＿＿＿＿＿＿

お名前：＿＿＿＿＿＿＿＿＿＿　メール：＿＿＿＿＿＿＿＿＿＿

ＴＥＬ：＿＿＿＿＿＿＿＿＿＿　ＦＡＸ：＿＿＿＿＿＿＿＿＿＿

アンケートのご記入
ありがとうございました

分野別 小学入試練習帳 ジュニアウォッチャー

1．点・線図形	小学校入試で出題頻度の高い『点・線図形』の模写を、難易度の低いものから段階別に幅広く練習することができるように構成。
2．座標	図形の位置模写という作業を、難易度の低いものから段階別に練習できるように構成。
3．パズル	様々なパズルの問題を難易度の低いものから段階別に練習できるように構成。
4．同図形探し	小学校入試で出題頻度の高い、同図形選びの問題を繰り返し練習できるように構成。
5．回転・展開	図形などを回転、または展開したとき、形がどのように変化するかを学習し、理解を深められるように構成。
6．系列	数、図形などの様々な系列問題を、難易度の低いものから段階別に練習できるように構成。
7．迷路	迷路の問題を繰り返し練習できるように構成。
8．対称	対称に関する問題を4つのテーマに分類し、各テーマごとに問題を段階別に練習できるように構成。
9．合成	図形の合成に関する問題を、難易度の低いものから段階別に練習できるように構成。
10．四方からの観察	もの（立体）を様々な角度から見て、どのように見えるかを推理する問題を段階別に整理し、1つの形式で複数の問題を練習できるように構成。
11．いろいろな仲間	ものや動物、植物の共通点を見つけ、分類していく問題を中心に構成。
12．日常生活	日常生活における様々な問題を6つのテーマに分類し、各テーマごとに一つの問題形式で複数の問題を練習できるように構成。
13．時間の流れ	『時間』に着目し、様々なものごとは、時間が経過するとどのように変化するのかということを学習し、理解できるように構成。
14．数える	様々なものを『数える』ことから、数の多少の判定やかけ算、わり算の基礎までを練習できるように構成。
15．比較	比較に関する問題を5つのテーマ（数、高さ、長さ、量、重さ）に分類し、各テーマごとに問題を段階別に練習できるように構成。
16．積み木	数える対象を積み木に限定した問題集。
17．言葉の音遊び	言葉の音に関する問題を5つのテーマに分類し、各テーマごとに問題を段階別に練習できるように構成。
18．いろいろな言葉	表現力をより豊かにするいろいろな言葉として、擬態語や擬声語、同音異義語、反意語、数詞を取り上げた問題集。
19．お話の記憶	お話を聴いてその内容を記憶、理解し、設問に答える形式の問題集。
20．見る記憶・聴く記憶	「見て憶える」「聴いて憶える」という『記憶』分野に特化した問題集。
21．お話作り	いくつかの絵を元にしてお話を作る練習をして、想像力を養うことができるように構成。
22．想像画	描かれてある形や景色に好きな絵を描くことにより、想像力を養うことができるように構成。
23．切る・貼る・塗る	小学校入試で出題頻度の高い、はさみやのりなどを用いた巧緻性の問題を繰り返し練習できるように構成。
24・絵画	小学校入試で出題頻度の高い、お絵かきやぬり絵などクレヨンやクーピーペンを用いた巧緻性の問題を繰り返し練習できるように構成。
25．生活巧緻性	小学校入試で出題頻度の高い日常生活の様々な場面における巧緻性の問題集。
26．文字・数字	ひらがなの清音、濁音、拗音、拗長音、促音と1～20までの数字に焦点を絞り、練習できるように構成。
27．理科	小学校入試で出題頻度が高くなりつつある理科の問題を集めた問題集。
28．運動	出題頻度の高い運動問題を種目別に分けて構成。
29．行動観察	項目ごとに問題提起をし、「このような時はどうか、あるいはどう対処するのか」の観点から問いかける形式の問題集。
30．生活習慣	学校から家庭に提起された問題と思って、一問一問絵を見ながら話し合い、考える形式の問題集。

31．推理思考	数、量、言語、常識（含理科、一般）など、諸々のジャンルから問題を構成し、近年の小学校入試問題傾向に沿って構成。
32．ブラックボックス	箱や筒の中を通ると、どのようなお約束でどのように変化するかを推理・思考する問題集。
33．シーソー	重さの違うものをシーソーに乗せた時どちらに傾くのか、またどうすればシーソーは釣り合うのかを思考する基礎的な問題集。
34．季節	様々な行事や植物などを季節別に分類できるように知識をつける問題集。
35．重ね図形	小学校入試で頻繁に出題されている「図形を重ね合わせてできる形」についての問題を集めました。
36．同数発見	様々な物を数え「同じ数」を発見し、数の多少の判断や数の認識の基礎を学べるように構成した問題集。
37．選んで数える	数の学習の基本となる、いろいろなものの数を正しく数える学習を行う問題集。
38．たし算・ひき算1	数字を使わず、たし算とひき算の基礎を身につけるための問題集。
39．たし算・ひき算2	数字を使わず、たし算とひき算の基礎を身につけるための問題集。
40．数を分ける	数を等しく分ける問題です。等しく分けたときに余りが出るものもあります。
41．数の構成	ある数がどのような数で構成されているか学んでいきます。
42．一対多の対応	一対一の対応から、一対多の対応まで、かけ算の考え方の基礎学習を行います。
43．数のやりとり	あげたり、もらったり、数の変化をしっかりと学びます。
44．見えない数	指定された条件から数を導き出します。
45．図形分割	図形の分割に関する問題集。パズルや合成の分野にも通じる様々な問題を集めました。
46．回転図形	「回転図形」に関する問題集。やさしい問題から始め、いくつかの代表的なパターンから、段階を踏んで学習できるよう編集されています。
47．座標の移動	「マス目の指示通りに移動する問題」と「指示された数だけ移動する問題」を収録。
48．鏡図形	鏡で左右反転させた時の見え方を考えます。平面図形から立体図形、文字、絵まで。
49．しりとり	すべての学習の基礎となる「言葉」を学ぶこと、特に「語彙」を増やすことに重点をおき、さまざまなタイプの「しりとり」問題を集めました。
50．観覧車	観覧車やメリーゴーラウンドなどを舞台にした「回転系列」の問題集。「推理思考」分野の問題ですが、要素として「図形」や「数量」も含みます。
51．運筆①	鉛筆の持ち方を学び、点線なぞり、お手本を見ながらの模写で、線を引く練習をします。
52．運筆②	運筆①からさらに発展し、「欠所補完」や「迷路」などを楽しみながら、より複雑な鉛筆運びを習得することを目指します。
53．四方からの観察 積み木編	積み木を使用した「四方からの観察」に関する問題を練習できるように構成。
54．図形の構成	見本の図形がどのような部分によって形づくられているかを考えます。
55．理科②	理科的知識に関する問題を集中して練習する「常識」分野の問題集。
56．マナーとルール	道路や駅、公共の場でのマナー、安全や衛生に関する常識を学べるように構成。
57．置き換え	さまざまな具体的・抽象的事象を記号で表す「置き換え」の問題を扱います。
58．比較②	長さ・高さ・体積・数などを数学的な知識を使わず、論理的に推測する「比較」の問題を練習できるように構成。
59．欠所補完	線と線のつながり、欠けた絵に当てはまるものなどを求める「欠所補完」に取り組める問題集です。
60．言葉の音（おん）	しりとり、決まった順番の音をつなげるなど、「言葉の音」に関する問題に取り組める練習問題集です。

『読み聞かせ』×『質問』＝『聞く力』

お話の記憶の練習に最適

1話5分の
読み聞かせお話集①②

「アラビアン・ナイト」「アンデルセン童話」「イソップ寓話」「グリム童話」、日本や各国の民話、昔話、偉人伝の中から、教育的な物語や、過去に小学校入試でも出題された有名なお話を中心に掲載。お話ごとに、内容に関連したお子さまへの質問も掲載しています。「読み聞かせ」を通して、お子さまの『聞く力』を伸ばすことを目指します。

①巻・②巻　各48話

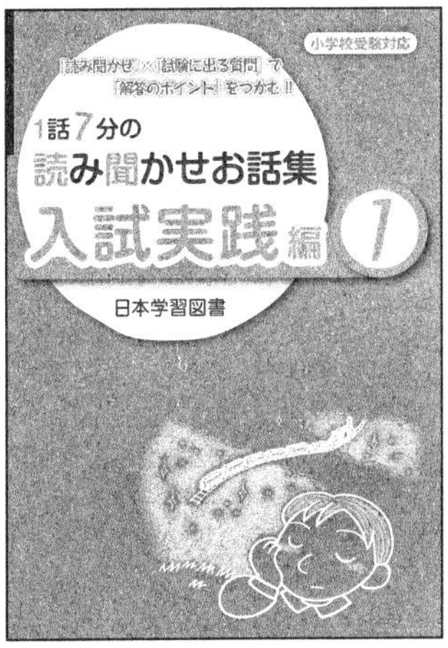

1話7分の読み聞かせお話集
入試実践編①

国立・私立小学校受験対応

最長1,700文字の長文のお話を掲載。有名でない＝「聞いたことのない」お話を聞くことで、『集中力』のアップを目指します。設問も、実際の試験を意識した設問としています。ペーパーテスト実施校の多くが「お話の記憶」の問題を出題します。毎日の「読み聞かせ」と「試験に出る質問」で、「解答のポイント」をつかんで臨みましょう！

50話収録

ニチガクの　この5冊で受験準備も万全！

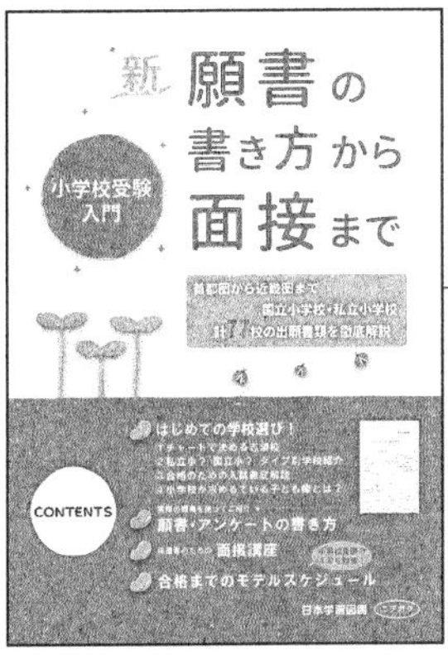

小学校受験入門
願書の書き方から面接まで　リニューアル版

主要私立・国立小学校の願書・面接内容を中心に、学校選びや入試の分野傾向、服装コーディネート、持ち物リストなども網羅し、受験準備全体をサポートします。

小学校受験で
知っておくべき125のこと

小学校受験の基本から怪しい「ウワサ」まで、保護者の方々からの 125 の質問にていねいに解答。目からウロコのお受験本。

新　小学校受験の
入試面接Q＆A　リニューアル版

過去十数年に遡り、面接での質問内容を網羅。小学校別、父親・母親・志願者別、さらに学校のこと・志望動機・お子さまについてなど分野ごとに模範解答例やアドバイスを掲載。

新　願書・アンケート
文例集500　リニューアル版

有名私立小、難関国立小の願書やアンケートに記入するための適切な文例を、質問の項目別に収録。合格を掴むためのヒントが満載！願書を書く前に、ぜひ一度お読みください。

小学校受験に関する
保護者の悩みQ＆A

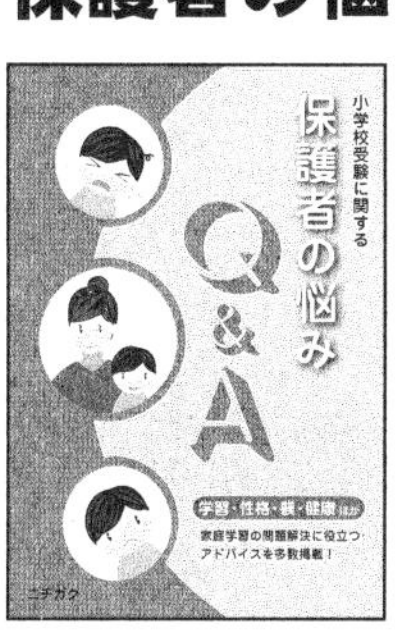

保護者の方約 1,000 人に、学習・生活・躾に関する悩みや問題を取材。その中から厳選した 200 例以上の悩みに、「ふだんの生活」と「入試直前」のアドバイス２本立てで悩みを解決。

日本学習図書株式会社

家庭学習をトータルサポート！ ニチガクのオリジナル 効果的 学習法

1 まずはアドバイスページを読む！

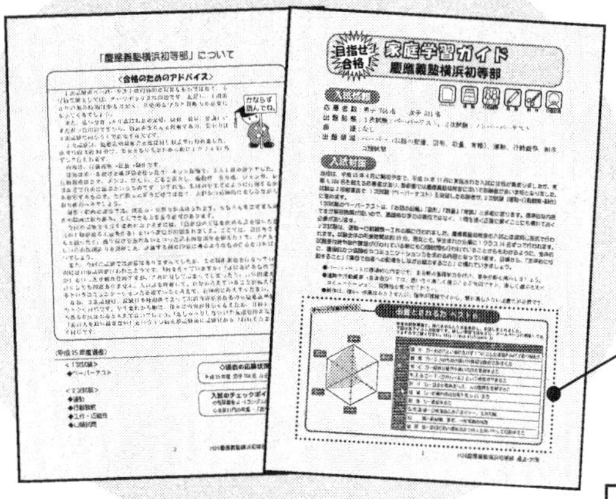

ピンク色です

対策や試験ポイントがぎっしりつまった「家庭学習ガイド」。分析内容やレーダーチャート、分野アイコンで、試験の傾向をおさえよう！

2 問題を全て読み、出題傾向を把握する

3 「学習のポイント」で学校側の観点や問題の解説を熟読

4 初めて過去問題にチャレンジ！

5 プラスα 対策問題集や類題で力を付ける

過去問のこだわり

各問題に求められる「力」

分野だけでなく、各問題の求められる「力」をアイコンで表記！アドバイスページの分析レーダーチャートで力のバランスも把握できる！

各問題のジャンル

問題1 分野：数量（計数） 集中 観察

〈準 備〉 クレヨン

〈問 題〉 ①虫がたくさんいます。それぞれの虫は何匹いますか。下のそれぞれの絵の右側に、その数だけ緑色のクレヨンで○を書いてください。
②果物が並んでいます。それぞれの果物はいくつありますか。下のそれぞれの絵の右側に、その数だけ赤色のクレヨンで○を書いてください。

〈時 間〉 1分

〈解 答〉 ①アメンボ…5、カブトムシ…8、カマキリ…11、コオロギ…9
②ブドウ…6、イチゴ…10、バナナ…8、リンゴ…5

出題年度

［2018年度出題］

学習のポイント

①は男子、②は女子で出題されました。1次試験のペーパーテストは、全体的にオーソドックスな内容で、特別に難易度が高い問題ではありません。しかし、解答時間が短く、解き終わらない受験者も多かったようです。本問のような計数問題では、特に根気よく、数え落としがないように進めなければなりません。そのためにも、例えば、左上の虫から右に見ていく、もしくは縦に見ていく、というように、ルールを決めて数えていくこと、また、○や×、△などの印を虫ごとに付けていくことで、数え落としのミスを減らせます。時間は短いため焦りがつきものですが、落ち着いて取り組めるよう、少しずつ練習していきましょう。

【おすすめ問題集】
Ｊｒ・ウォッチャー14「数える」、37「選んで数える」

学習のポイント

各問題の解説や学校の観点、指導のポイントなどを教えます。
保護者の方が今日から家庭学習の先生に！

おすすめ対策問題集

分野ごとに対策問題集をご紹介。苦手分野の克服に最適です！
＊専用注文書付き。

2021年度版　立教小学校　過去問題集

発行日　2020年3月12日
発行所　〒162-0821　東京都新宿区津久戸町 3-11-9F
日本学習図書株式会社
電　話　03-5261-8951 ㈹

ISBN978-4-7761-5275-0
C6037 ¥2000E
9784776152750
1926037020004
定価　本体2,000円＋税